择业要趁早

〔美〕梅尔·列文博士 著

庞　萍　译

廖东情　审校

深圳出版发行集团公司

海天出版社

Ready or Not,
Here Life Comes

图书在版编目（CIP）数据

择业要趁早／〔美〕列文著；庞萍译；—深圳：海天出
版社．2009.10

（青春起步丛书）

书名原文：Ready or Not，Here Life Comes

ISBN 978-7-80747-722-8

I. 择… II. ①列…②庞… III. 职业选择—青少年读物
IV.C913.2-49

中国版本图书馆 CIP 数据核字 (2009) 第 165540 号

版权登记号　图字：19-2006-018 号

Ready or Not, Here Life Comes by Mel Levine, M.D.

Original English Language Edition Copyright © 2005 by Learning Ways

Simplified Chinese characters edition arranged with Simon & Schuster Inc. through Big Apple Tuttle-mori
Agency, Labuan, Malaysia.

Chinese Translation Copyright © 2009 by **Grand China Happy Business Management Ltd**.

All Rights Reserved.

择业要趁早 (ZEYEYAOCHENZAO)

海天出版社出版发行

（地址：深圳市彩田南路海天综合大厦　518033）

http://www.htph.com.cn

订购电话：0755-25970306, 83460397

出 品 人：陈锦涛

出版策划：毛世屏

执行策划：桂　林　黄　河

责任编辑：蒋鸿雁

责任技编：钟愉琼

版式设计：袁青青

封面设计：陈文凯　王保琳

深圳市美嘉美印刷有限公司　　海天出版社经销

2009 年 10 月第 1 版　2009 年 10 月第 1 次印刷

开　本：787×1092mm 1/16　印张：15.5

字　数：263 千字

定　价：28.00 元

推荐序

择业就要趁早

《中国妇女报》 代　刚

中国是一个重视伦理道德和行为规范的国度，以"教"为主旨。"孟母三迁"、"囊萤"、"映雪"、"负薪"等一系列脍炙人口的故事能够亘古流传，足见中华民族对教育的重视程度之高。

这些故事虽然具有一定的时代性和功利性，但瑕不掩瑜，毕竟它们在文化传承和民族精英塑造方面起到了积极作用。由于历史原因，在上世纪六七十年代，中国的家庭教育和学校教育一度出现了断层。这样的断层经历了30多年的弥合，才最终得以健康发展。但从近些年来看，中国高校就业压力在逐年增加，以至于很多毕业生的口号就是"我毕业了，我失业了，我不想长大"。

如何让这些处于20岁左右的青年人顺利地从学生过渡为社会工作者，已经成为我们的家长和老师头疼的问题。显然，很多人在初入职场的几年里无所事事，频繁地更换工作，职业方向不明确，对工作没有责任心等，这都是就业准备不足造成的。教育部就如何解决这一问题做了许多工作，包括就业前指导、心理辅导、大学毕业生专场招聘会等；劳动部和人事部大兴人力和财力。但是这些措施解决的仅仅是表面问题，最根本的做法，还是要让孩子自己做好充分的就业准备。

所谓的"好前途"，实际上没有统一的标准。只要与孩子的个性、性格、兴趣等相符合，与知识、能力水平相适应的就是好的前途选择。《择业要趁早》无疑给了我们每人一把适合自己的钥匙。如何让孩子在成长的过程中少走弯路，是每一个家长和老师都应该掌握的智慧。

此书告诉了广大教育工作者及家长们，在11岁～20岁的时候，应该怎样引导和教育孩子进行职业规划。书中谈及的心智培育和内省、解读、重塑、协作的成长四部曲结合了丰富的案例，具备了一本优秀教育类图书的特质，这一勺营养丰富的"心灵鸡汤"一定可以对读者的人生观、世界观产生积极的影响。

他山之石可以攻玉。希望《择业要趁早》能给更多家长和教育工作者带来启发，让更多青少年成功就业。

推荐语

每一位父母都希望自己的孩子前程似锦，所以我觉得我一定要推荐这本书，让更多家长望子成龙、望女成凤的梦想都能成真！

一位高中老师　王英丽

《择业要趁早》让我找到了孩子"毕业就失业"的原因——错不在孩子，更重要的是家长和老师对他们的引导。

一位父亲　黄　伟

我一直信奉好的家教图书可以成为父母的好帮手。《好孩子的成功99%靠妈妈》让我把女儿教育成品学兼优的好学生。看了《择业要趁早》，我更有信心帮女儿提早做准备，找一份好工作。

一位年轻的母亲　肖　洒

尽管我有本科学历，尽管我像赶场子一样一家一家去面试，但是始终找不到合适的工作，我开始迷茫，无所事事。偶然的机会，我翻开了这本书，那些语句带给我针一般的刺痛，之后我开始反思，这使我获益匪浅。所以，我急迫想推荐给那些刚刚走出校门而无所适从的年轻人。

刚毕业的大学生　欧阳华

目 录
CONTENTS

第一部分　就业准备不足——择业不当的根源

防止偶像跌落的最佳方式，首先是避免让孩子成为偶像。童年和青少年期应该是成功与失败、专制与适度的自主、表扬与批评、乐趣与压力的健康组合。应当引导孩子，而不要怕孩子；要爱孩子，而不是崇拜孩子。

第1章　拒绝成长：不愿告别青春期　29

第2章　英雄不再：优等生的现实困境　41

第二部分　英才这样炼成——成长四部曲

装备创造性思维、头脑风暴法等基础性工具有没有最佳时期呢？尽管孩子自接受教育开始到成人期一直都在使用这些工具，但有证据表明，11岁～20岁才是装备这些工具的最佳时期。这个年龄段的人，其大脑的结构和功能正趋于成熟，这就意味着此时装备这些工具时机最佳。

第三部分　择业要趁早——父母、老师、职场新人三管齐下

除了尊重和宽容，父母还需要做孩子的职业教练，但应该仅在孩子明确地提出这种要求时才提供建议。即使在那时，父母也应该避免说教，避免表现得过于自信，或轻率地提供过于简单化和预言性的建议。最为重要的是，父母必须充当孩子专心而又富有同情心的听众。

前　言

为孩子的就业插上翅膀

从来没有父母或老师问过我这样的问题：这
个孩子20多岁时会是什么样？但我敢肯定，他们一
直在思考这个问题，并默默等待着问题的答案。在
30多年的儿科医师从业生涯中，我逐渐认识到：对
成长中的孩子来说，他将来成为怎样的人十分重要。

我曾经伴随着无数孩子走过了他们的成长历程，
见证了每个人不同的发展过程，也从他们身上学到
了很多东西。现在我最热切关注的是，为何孩子们
成年后会如此不同，我尤其关注那些并不出色的年
轻人。我一直在想：当他们还是儿童或青少年时，
我们是不是可以帮助他们，使他们做得更好。

近年来，我吃惊地发现，在从毕业到参加工作
的过渡中，太多年轻人由于准备不足而陷入困境。
我坚信，当代教育实践中存在着一些因素在伤害我们
的孩子。更严重的是，这些因素阻碍了孩子的心智成
长，使他们发育中的心智无法为多彩的成年生活做好
充分的准备。

这就是我决定写这本书的初衷。这样我就可以和其他人一道探讨被我称为"就业准备不足"的各种特征和表现方式。我想知道从那些缺乏认同感和方向感、现在仍在痛苦和困惑中挣扎的年轻人身上，我们能够得到什么样的启示。本书取材于我的大量的临床经验和相关研究文献。另外，我的研究助理迈尔斯·哈蒙和我一道整理汇编了一部访谈录，我们将根据一些真实的案例，研究一群处于自我定位期的20来岁的年轻人，研究他们的早年生活经历和所面临的挑战。本书每章开头直接引用了部分访谈内容。

尽管本书主要涉及年龄偏大的孩子，但全书还是从儿科医师的角度来写的。我希望这些辛勤工作的成果能使父母、教育工作者和政策制定者有所触动，促使他们重新思考抚养和教育孩子的方式。此外，我也希望读者能认真思考：如何对抗身边负面的环境和文化影响、错误的教育资源配置、对大脑差异的悲剧性误解——这些因素都可能是导致年轻人就业准备不足的罪魁祸首。如果我们不能用有效的策略去帮助这些年轻人做好充分准备，他们就不得不接受残酷的现实。他们将被现状束缚着，尽管他们本应取得更大的成就。

梅尔·列文博士

北卡罗来纳州，卢日蒙，桑切里农场

自　白

达德利·芬奇的自白

我想我一定是迷失了方向，远远地偏离了正路。从小到大，我都安于现状，好像不知道还有"未来"。我从来不回首过去，也不畅想未来。

高中时，我的学习成绩总在"良"和"及格"中徘徊——不算好，也不算太糟糕。我还算聪明，各科都通过了，其实我并没有刻苦地学习，而且我对所学的东西毫无兴趣。我不是体育明星，也不是书呆子。我既不调皮捣蛋，也不给家里添麻烦——当然，我也没有什么让父母感到骄傲的。课余时间，我或是跟朋友们闲逛，或是看电视，或是躺在床上听音乐，或是玩电脑游戏，更多的时候是无所事事。

大约1年前，我从一所普通大学毕业。我的大学是在狂欢中度过的。我换过几个专业，最后才选择了通信专业。毕业后，我找到了一份工作，虽然我并不喜欢，但至少我还有一份工作，因为我的一些朋友连工作都没有。我在离子企业主要做数据库建设方面的工作。我知道这份工作与我所学的通信专业没有多大联系，但我的生活就是如此，好像什么都互不关联。

我的工作很乏味，但我真的不知道自己更愿意做什么。我回到新泽西，和父母住在一起，但父母从来不干涉我。我有过几个女朋友，都没谈及婚嫁。我快23岁了，我对自己的人生毫无规划，工作上也没有什么让我觉得有趣或有前途的。我真不知道没有了朋友和死党，我会怎么办。他们都陆续结了婚，搬到了别处，只剩下我形单影只。在我内心深处，我并不快乐，而且很不快乐，但我从未表现出来。我甚至感到恐惧，非常恐惧——来自漫无目的的空虚，我担心如果再不采取措施，真不知道会发生什么事情。

没有人告诉我23岁的生活应该是什么样子，我决定改变目前的状态，决定珍视生命，让我的生活变得更有意义。虽然我并不清楚该怎么做，但我一定要好好规划未来。我会的！

达德利·芬奇

序 幕

生活的序幕正缓缓拉开

我不知道（从求学到工作的过渡期）我应该期待什么。从小到大，我被父母宠坏了，虽然高中时我经常打工，也挣了点钱，但现实是残酷的，离开安乐窝走向真实世界是一个巨大的跨越——什么事情都得自己操心。我对很多事情都毫无准备，比如买东西要花很多钱，赚钱不易，哪些事情可以做，哪些事情不能做等。

S.R. 27 岁

<big>生</big>活就像大海一样起伏不定，在某个时期（如学前期、青春期等）可能更加波涛汹涌。每个时期都有特殊的挑战和机遇，也伴随着独特的压力。面对即将到来的时期以及相应的要求，你可能胸有成竹，也可能手足无措。

尤其从毕业到参加工作的过渡期（即初入职场的那几年）更具有挑战性。尽管一般人认为这一时期并没有鲜明的特征，但它很可能是最艰难、最关键的一个时期。刚开始工作的几年，总有一些人毫无思想准备。事实上，大多数人对退休生活的准备远比对初次就业的准备要充分得多。有些人高中辍学开始工作，他们初次就业的年龄一般是十六七岁，而有些人要等到当上整形外科医师才开始就业，那时他们可能已经 29 岁了。

很多 20 岁左右的人逐渐感到他们被社会抛弃了，处于极度痛苦之中。他们开始怀疑自己的价值，在选择职业或刚开始工作时可能容易犯一些严重的错误。**他们陷入"就业准备不足"的苦恼中，这一症状可能开始于高中毕业、大学时期、求职过程中或工作的早期阶段。**这一过渡期可能是几年，也可能是十几年，其中夹杂着不确定因素和痛苦。有些年轻人可能要比别人花更多的时间才找到工作。有些人经常变换工作，因为他们不断重复错误，不断改变人生的方向。他们一次次开始，却又一次次半途而废。有些人在择业时陷入困境，而有些人却顺利地找到了适合自己的工作。

当然，工作并非生活的全部。家庭生活、精神生活、社会生活等也是生活

的一部分，但工作是本书研究的主题。在很大程度上，工作决定生活。但我们
必须记住：工作与日常生活的各个方面是互相影响的。

就业准备不足的现象越来越普遍，因为有相当多的年轻人无法在他们的心
智和职业方向之间找到平衡。有很多年轻人曾眼含热泪地向我倾诉，他们不知
道该如何对待自己的工作。有些人习惯于别人把工作内容明确地告诉他们，并
替他们安排好日程，因为他们很难独立工作；有些人目标明确，但一旦发现现
实与目标存在差异时，就失去了工作的乐趣和前进的动力。正如我们采访过的
一个人所说："我无法为过渡期做准备，因为没有人告诉我生活会是什么样子。
为了生计，我必须每天早晨 8 点起床，工作时苦苦煎熬，就是为了能在周末的
48 小时里做些自己喜欢的事情。在此之前的 21 年里，我想做什么就做什么！"
青少年时期的任何理想主义此刻都已破灭。

一些雄心勃勃的年轻职员之所以选择了令他们痛苦不堪的道路，理由多种
多样：有些人虽然踏上了漫长的职业旅程，但并不知道旅程的目的地，没有人
告诉他们上牙科学校或从事牙医行业的真正意义是什么，或者即使有人告诉他
们，当时他们还是听不进去；还有些年轻人发现他们无法摆脱内心极欲摆脱的
职业，因为他们发现自己已无法离开最初选择的工作——也许是因为薪酬很高，
也许是放弃太困难、太冒险，也许是没有其他更好的职业；还有些人适应不了
工作后的严格与痛苦，也许是他们没有足够的能力，也许是没有足够的兴趣，
但如果你喜欢做的事情却总做不好，那你的麻烦就大了；有些人有自己的强项，
却没有兴趣加以利用，而有些人的兴趣恰恰是他们的弱项。

以上所列的各种情况说明多年的学校教育和家庭教育都没有切中问题的要
害——就业准备不足。我们的毕业生可能缺乏对就业来说极为重要的各种实用
技巧、良好的习惯、行为方式、对现实世界的洞察力、职业起步阶段的思想状
态等。**成年的苦恼困扰着他们，突如其来的各种事件使他们措手不及。然而，时
间不等人，无论你是否已准备好，生活都将继续！**

早期生活对孩子的影响

那些在向成年工作过渡中停滞不前的年轻人，从不同的方向来到了这个令

人沮丧的僵局。他们中有很多是给人留下深刻印象的学生，他们顶着自我陶醉的光环，展示出令人惊叹的优点。这些青年才俊们学业有成、体格健壮、精明强干、富有魅力，但他们也容易从偶像宝座上摔下来。他们的多才多艺往往使他们无法跨越成年工作中的沟沟坎坎。

还有一些人患有神经发展功能障碍，这使得他们的学校生活就像一场持久战，他们试图满足那些深奥的学术、运动或社会方面的要求，却总是事与愿违。许多人孩提时行为端正、服从长辈，只要长辈清楚地表达对他们的要求，他们就不会让长辈失望。有些人学习很勤奋，有些人学习较差而且对失败已经习以为常。无论他们早年的生活过得舒适与否，这些涉世之初的年轻人现在却感到茫然和焦虑，不过这些都是可以理解的。这一困境是否在这个年龄段的年轻人里普遍存在呢？或者我们正遇到越来越多的不幸的流浪者？毫无疑问，向成人工作的过渡是人生最艰难的时期之一，但是我强烈地感觉到就业准备不足的年轻人数量在不断增多，就像传染病一样迅速蔓延。

家庭背景对孩子的影响

复杂的社会环境容易使人在就业道路上迷失或遭遇伏击。现在，年轻人对所从事的工作的要求往往跟家里老一辈熟悉的情况大不相同。家里人的榜样作用现在已越来越弱。即使年轻人从事了跟父母一样的职业，这个工作现在的要求和规程也很可能跟他们父母当初所面对的不一样了。近年来，从事医学和法律职业，或是照看家庭农场已经有了全新的游戏规则。同时，年轻人还要面对一个无法预料、高深莫测的现实世界。面对并不明朗的就业形势，如何才能找到稳定的工作呢？

我们也生活在这样一个时代，许多父母对他们的孩子，特别是那些正处在青春期的子女充满了恐惧。青少年之所以能够在家里掌握权力，是因为他们手中有很多可以利用的武器（如酗酒、文身、厌食、自杀、辍学等）。父母没法不担心随着孩子的长大，他们与子女的关系会变得越来越脆弱。这一恐惧可能部分来自父母没有足够的时间来关心孩子所带来的歉疚感。一些父母长久以来一直寻求孩子的认可，他们想方设法让孩子心满意足，不让他们经受任何挫折和磨难。比如，如果孩子跟一位老师有矛盾，父母就会打电话给校长或者以别的方式加以干涉，替孩子把棘手的问题解决了。这样，孩子就被剥夺了学习化解冲突、压力管理、谈判以及解决问题的战略技巧的机会，而这些技巧对一个孩子今后的职业生涯却是极其重要的。

许多儿童和青少年缺乏忍耐的品质，这是由于他们一直沉浸在一种强调即时回报的渴望中，这种渴望并不强调耐心、决心、持续的努力以及为了最终的自我实现而延迟满足的能力。另外，如果孩子从小就沉迷于电脑游戏、网络聊天、公式化的电视节目(经过包装的笑声和眨一下眼睛就能猜到答案的老套故事情节)，他们可能会觉得工作特别辛苦。有时候，我们对即时行乐的痴迷也会限制孩子的动脑能力。

如果孩子在性格形成期没有表现出对成年生活的任何兴趣的话，又会怎样呢？他从来没有认真了解成年生活，从来都只对他的同龄人有认同感。他所敬佩的成年人只有来自媒体炒作的艺人和体格健硕的体育明星。他可能从未认真思考过成年后的生活方式该是怎样，因此，他无法认同成年榜样。我认为，如果当时的主流倾向是让孩子以同龄人为榜样，那很可能会使年轻人在规划职业道路时变得盲目。如果年轻人对青春期之后的情况缺乏洞察，他就很难割舍青春期情结。许多年轻人因此不得不成为机会主义者，当他们需要工作时，可能就会接受任何一种工作。在他们走投无路时，职业选择就成为了一种被迫行为。

亚历山德拉·罗宾斯和艾比·维尔纳在《青年危机》(*Quarterlife Crisis*，Quarterlife 指人生的 1/4，即 20 岁左右、刚成年时期。本书的 2 位作者都是二十四五岁的美国年轻女性。——译者注)中写道："新的责任、新的自由、新的选择所带来的旋风，对于那些刚接受完 20 年教育的年轻人来说可能是难以承受的。"初涉世事的年轻人可能对下面所列的早期工作的全新现实缺乏准备。

真实的世界

◆ 刚工作的年轻人可能无法专注于某个职业领域或某个特定的环境，因为在他们以前的生活中，总是会遇到各种不同的事物，吸引着他们并使他们分心；

◆ 他们需要从底层工作做起，这对刚刚经历过自我意识膨胀的4年大学生活的学生来说有些困难；

◆ 工作更多的是单调乏味，比他们期待的少了很多乐趣，比他们预想的多了更多琐碎和枯燥。他们没有想到工作会如此繁重；

◆ 他们不会再收到任何成绩单，因此他们很难判断工作的进展情况；

◆ 当就业形势严峻时，他们感觉自己可有可无；

◆ 工作中的竞争可能被伪装起来，但在友好的表面下依然存在。职业上的嫉妒心理是很普遍的；

◆ 与他们最亲近的同事也有可能是他们最大的竞争对手；

◆ 他们可能遭到暗地或公开的工作歧视。这种歧视可能与资历、性别、民族、体格有关，或者他们受到不公平待遇仅仅是因为他们年轻；

◆ 他们所选职业的最初的浪漫光彩可能越来越黯淡，他们也并不认为自己会长时间抱着这个工作不放，但他们也许并不知道自己还能够或应该干点别的什么；

◆ 他们所从事的实际工作内容并非他们过去所想象的那样；

◆ 他们对现在所追求的道路心情复杂，想知道他们本来可以从事的其他职业的情况以及他们可能已错过的机会；

◆ 他们感觉有些上司特别出色、专业，怀疑自己能否达到他们的水平；

◆ 他们的成功已经不太依靠以前的信条：运动能力、时尚的外表、出众的相貌、机械记忆力、多项选择测试技巧以及单词拼写；

◆ 对工作成果的期待已不像在学校时那样急切；

◆ 他们习惯于即时的满足，如在突击测试或运动会上的那样；现在他们可能无法马上看到结果；

◆ 他们必须熟悉并灵活地运用一些手腕，能够在不伤害同事的前提下给老板或监督员留下好印象；

◆ 过去他们过分依赖"机构忠诚"支持系统；现在他们发现自己所在的工作单位对他们不忠诚。即使他们辞职了，公司也照常运转；

◆ 他们不得不面对新的感受：孤独、被孤立、被利用、没人爱、被低估（也许工资过低）、无聊；

◆　他们几乎只能依靠自己，父母已被降级为"局外人"了；

◆　他们感觉准备不足，缺少工作的技能。

"就业准备不足"困扰全球

就业准备不足的现象给全社会乃至全球的文明带来了困扰。那些失业的、未充分就业的以及工作得不开心的年轻人使我们的社会资源造成了极大的浪费。他们的潜能长期被忽略，没有充分地发挥出来。每一个政府都应该意识到，他们必须致力于医治这种就业准备不足的流行病，思考它将如何影响社会经济的发展和生产力的提高，以及政府解决复杂社会问题的能力。

成人前后

成长中的不成文规矩和职业中的制约性规矩有很大的不同。孩子总是被鼓励全面发展，而成人则被允许（甚至被要求）致力于专业领域。只要成人在他选择的职业领域内小有成就，其他人就会刻意忽略甚至根本没有注意他在其他方面的缺陷。

父母一般会给孩子制订详细的计划并明确地公开宣布对他们的期望，这些期望是具体的、可预测的。来自父母的压力和支持使孩子走上正道。教育系统以特定的模式教授孩子技巧，确保孩子在各个方面都能具备足够的能力。这些多才多艺的孩子是否会面临危险呢？他们在转到专业模式时是否会遇到麻烦呢？这是一个棘手且无法回避的问题。

孩子的成功标准很大程度上是根据他的服从情况来衡量的。别人让他学什么，他就要学什么；别人让他做什么，他就要做什么。而成年人则必须亲手绘制自己的路线图。通向成年的漫长道路可能是孤独和艰辛的旅程，尤其是当一个幼稚、无知、初涉世事的年轻人从来没有学会自己绘制路线图的时候。

在学校教育中，学生们总是准备着做下一步的事情。一年级的学生学习到的解码技巧要在二年级的阅读中才能用到，而二年级学生要学会流利的阅读，这样他们就可以在三年级的时候运用自如。高中生的主要任务是要努力进入最

好的大学。有些中学甚至自称是"大学预科学校",这个词通常是"高考预科学校"的委婉称呼。为什么不叫"生活预科学校"?难道我们不需要让孩子们对艰辛的生活有所准备吗?我认为应该这样做。这就是本书的宗旨。

就业准备不足的年轻人往往对自己将要成为何种人和从事何种工作感到迷惘,他们对此毫无准备。他们甚至得忍受长期的精神失调、情绪波动大、忧郁症的突发、酗酒、自信心低落等病症。最后,他们缺乏前进、积极向上的动力,这不仅会影响他们的工作效率,还会妨碍他们将来履行配偶和父母的职责。不稳定的、无满足感的职业开端会损害他们的家庭生活和社会生活。

这些可悲的结果几乎是完全可以避免的。为了激励孩子免受这些失败的困扰,我们需要重新研究如何让他们对成年生活做好充足的准备。

心智的准备

抚养、教育孩子需要我们建立长期的优先目标。我认为目前学校所教授的内容与获得职场成功所需要的基本要素之间存在着巨大的鸿沟,我们过度强调学习各种各样的事实与技巧,而这些东西在工作中很少或没有任何用处。这种教育实践已经在学校教育中持续影响了几代人,而没有任何人重新充分研究它在当今社会是否仍然适用。多项选择测试题无助于孩子进入成人世界。让孩子为笔迹潦草、难以辨认感到难过是残酷而不必要的,许多成功的成年人(包括作者本人)都称不上是字迹清晰的典范。儿童拼写的精确程度、对三角函数的掌握程度、在背诵和复述历史时的准确程度以及他的运动才能,这些跟他所能碰到的职业几乎没有任何关系。

而批判性思维、头脑风暴法、监控与修正自己的行为、有说服力的沟通、工作计划与工作预览等,不管年轻人踏入哪个行业,这些技能都能发挥巨大的作用。

我们应该不断自问要把孩子培养成什么样的人?我们现在的教育重点是否具有持久的社会实用性呢?我呼吁:重新研究教育的首要目标。

我遇到过很多刚参加工作的年轻人,我跟他们逐渐熟悉起来,也认识了他们的父母和兄弟姐妹。在我的前两本书《破茧而出》(*A Mind at a Time*)和《懒惰的神话》(*The Myth of Laziness*) 里，根据自己的临床经验，我阐述了学习期间影响孩子学习成绩的主要机能和机能障碍。根据我的直接经验，我有机会了解他们 20 来岁时的情况，并且形成了一个框架方案，指导他们顺利度过从青少年迈向成年的恐惧时期。在这个框架内，我找到了 12 个我称之为"成长过程"的基本领域。年轻人应该在这些领域内准备好，应对工作的要求。作为父母、教育工作者、社区负责人、临床医师，我们有义务确保孩子们在这些领域里都得到培养。

所有的父母和教育工作者都一致认为需要让孩子做好准备，应对真实的世界。但是真实的世界也在不断变化，显然，父母的养育和学校的教育也应当跟上时代的步伐，满足新的需求。家庭教育和学校教育都与时俱进了吗？我认为没有。现在应该建立一套体制，防止由于就业准备不足而带来的各种负面影响。通过父母和学校的共同努力，我们有信心迎接这个挑战。

我所说的 12 个关键的成长过程可以分为 4 个领域，为方便起见，简单归纳为"4I"：内省 (Inner direction)、解读 (Interpretation)、重塑 (Instrumentation) 和协作 (Interaction)。每个成长领域包含 3 个成长过程 (见表 1)。本书主要讨论如何在 11 岁 ~ 20 岁这个年龄段的青少年中进行这些过程，尽管有些读者也许会认为这些方法也同样适用于教育和抚养更小的孩子。

"4I"与12个成长过程

本书将分章节逐个讲解"4I"。

内省 (Inner direction)：提起"就业准备不足"，那句充满智慧的格言"认识你自己"值得大书特书。内省是指一个人对其自身的观察和认识。通常刚参加工作的青年人对他们是谁、他们能做什么有着不切实际的想法。他们可能对自己的长处、弱点和个人价值有错误的认识，可能从来没有明确的目标和志向，或缺乏实现目标所需的足够的自我激励和动力。因此，父母和教师面临着一项神圣的挑战：帮助孩子们认识自我，教他们制订目标以及如何实现短期或长期的目标。

解读 (Interpretation)：如果内省能使孩子们理解自身及其前进的方向，那么"解读"则意味着要去了解外面的世界，理解生活的现状及周围的环境。学校并不总是能够提供这方面的知识。有太多的学生是靠背诵，而不是靠理解所学的东西去应付考试。我们没能教给孩子如何去理解。学生的理解应该扩展到理解观念、问题、期待和过程。他们应该培养自主学习的能力、解读新知识的能力以及日常生活的能力。精确的解读能使人作出正确的判断和决定，也使人能够对机遇、问题、人和物等作出理性的评估。

重塑 (Instrumentation)：第三个技能是指创造技能，即培养高水平的思考和解决问题的能力。这些技能包括正确的组织技能、利用和分配脑力能量的能力、头脑风暴技能、创造力以及系统地作出明智决定的能力。这也包括迎接新挑战所必需的同步更新的学术技能。

协作 (Interaction)：成长过程的最后一组技能是人与人之间的交往技能。其中包括沟通这个非常重要的成长技能。沟通能够精确地传达个人的思想，说服别人接受某个观点，巩固关系。团队的建立是第二个交际成长过程，这一过程能够培养和维持稳固的人际关系和工作关系。最后，交际包括复杂的政治行为。也就是说，察觉或知道如何才能取得成功，比如怎样赢得对自己未来有着举足轻重的影响力的人的赞许。那些有影响力的人，包括你的同事或上级，还有看似与你毫不相干的人，不管你是否知道，他们最终都会投你的赞成票或反对票。

表1总结了12个成长过程，第6.～9章将对其进行详细讨论。

没有人能在成长过程中得满分，但是那些就业准备明显不足的人很有可能在几个方面都相当落后，或在几个成长过程中发展都不充分。他们的成长可能在某一点上受阻，或者这几个成长过程从一开始就没有得到很好的发展，这也许是由于他们的大脑布线或家庭、学校经历的缺陷所致。

表1　12 个成长过程

主 题	成长过程	描　述	职 业 举 例
内省	自我认识	认识到个人长处、短处、兴趣、爱好、兴趣和价值	找适合自己的工作；在看到需要改变工作的预兆时换工作
	展望未来	对特定目标的预见，并了解如何才能达到目标；有战略计划	预见并准备特定职业或职业中的一个项目
	自我启动	个人的渴望、动机、抱负、活力和乐观精神；愿意进行理性的冒险；独立	知道何时、如何把目标定得更高；为了取得职场上的成功愿意冒险
解读	理　解	深入地理解概念，解读明确的或潜在的工作、生活、生存需求	有能力理解关键概念，了解主要的工作要求
	模式识别	有效识别重复性主题、先例、规则、规律性或无规律性	从直接工作经历中学习，总结经验教训
	评价性思　考	用批评的眼光评判问题、机会、产品或人们的能力（而非急于下结论或愤世嫉俗）	知道该相信什么或相信谁，避免长期的愤世嫉俗或幼稚的想法
重塑	培养技能	以灵活方式获取、存取、应用"硬"或"软"的技能的能力	阅读技术手册，撰写工作计划和提案
	提高效率	利用和分配精神能量，坚持不懈，部署有效工作和组织习惯的能力	高水平的有效输出，工作能力是可以被信任的
	成效思维	有组织的思考，困境处理策略，头脑风暴法和创造力，解决冲突，应对压力	提出建设性的、有效应对工作中的挑战的方法和答案
协作	沟　通	陈述观点、说服别人、写作、表达观点的技能，采取其他沟通模式	推销自己，在工作中赢得别人的信任；使用语言和形象帮助引导、调整你的感情和行动
	团队建设与声誉管理	建设性的合作和积极的家庭、社会关系	工作中的人际交往、合作、领导、信任
	政治技巧	借助可能显著影响自己未来的人	知道如何取悦老板，如何在同学或同事间建立良好的声誉

第一部分 就业准备不足

——择业不当的根源

防止偶像跌落的最佳方式，首先是避免让孩子成为偶像。童年和青少年期应该是成功与失败、专制与适度的自主、表扬与批评、乐趣与压力的健康组合。应当引导孩子，而不要怕孩子；要爱孩子，而不是崇拜孩子。

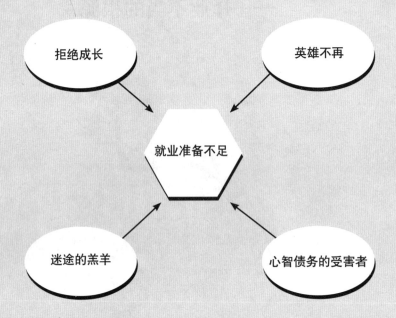

第 *1* 章　拒绝成长

不愿告别青春期

高中时受欢迎，首先是外表好看——你要穿最漂亮的衣服，其次是要有很多人喜欢你，需要你。而现在的标准完全不同了……并不是我放弃了"酷"的标准，而是它已不再统治我的生活。

C.T. 24 岁

如果中学毕业后你还继续扮酷，你就会成为这样的人：35 岁的你，游逛在某大学城的酒吧里，试图钓到一个 18 岁的女生；每天晚上你都喝得酩酊大醉。这种人通常会变成酒鬼。

D.M. 28 岁

迈向成年的过程从未像现在这样折磨人。很多青少年有意无意地试图延长他们的高中或大学生活，其实是不想跟青少年生活的种种乐趣告别。他们会选择接受更多的教育，搬回父母家，迟迟不作职业选择，渴望与亲密的伙伴在一起……这些对就业准备的影响是灾难性的。

我们生活在这样一个时代：处于青春期的孩子的品位、习惯、外表和行为被夸大、吹捧，并被视为神圣的象征。大多数青少年都会尝试各种怪诞行为，如购买时髦的鞋子，吹嘘自己的品位如何紧跟时代潮流，展示他们对形象和外表的迷恋以及如何给人留下好印象。小孩子想快速长大，无数成年人在外表和做事方式上试图模仿十七八岁的孩子，即使失败了也无所谓。电视节目、杂志广告、流行音乐和其他媒体充斥着超酷偶像的形象。结果，越来越多的刚参加工作的年轻人无法顺利渡过青春期，跟不上生活的节奏。

查理酷爱游戏，但你绝对猜不到他今年已经 28 岁了。他是家里两个孩子中较小的，是威尔逊干洗店老板托马斯·威尔逊的儿子。威尔逊先生平均每天要工作 12 个小时，每周工作 6 天。查理在父亲开的位于南加州的一间店铺里痛苦地熬着自己规定的每周 5 天、每天 5 小时的工作。有几天，他根本不露面。威尔逊气坏了，敦促他赶快长大，担负起责任来。但查理总是变来变去，不肯长大。同事背后说他的坏话，因为他们常常看见查理在前台或在店铺破桌子后面假装工作。他没日没夜地下载最新电影，他对电子游戏的痴迷仍然胜过生活中的其他任何东西——也许唯一的例外就是性，当然还有彩弹球。他喜欢快速移动的物体，尤其是汽车和直排轮滚轴溜冰鞋。查理也是技艺高超的冲浪好手。他患了"视觉运动迷恋症"，但是在进行超高速运动后，他会连续几个小时一动不动地斜躺在沙发上，观看足球或棒球比赛。

查理虽然不受尊重（好像没有人尊重他），但也不讨人厌烦。他大方、友好、随和。他会为朋友赴汤蹈火，对他来说，没有什么比朋友更重要的了。他的快乐似乎就是计划晚上和周末的狂欢。他的"爱伯克朗比"和"香蕉共和国"牌的大衣橱里，摆放着最新款式的型格衣装。每隔 18 个月，他就要换一辆二手赛车，而赛车的里程表上却只有四五万英里。在过去的 2 年里，他的驾照被吊销过 2 次。他是当代中产阶级青少年的典型代表。10 年过去了，他仍未迈入成年，目前也没有要结束青春期的迹象。他是个快 30 岁的少年。实际上，查理虽然表面春风得意，但内心却极度自卑。他承认自己的生活毫无意义，只是各种经历的大杂烩，没什么东西能联系到将来，或者能修成什么正果——他走进了死胡同。

不想长大

在当今文化中，许多青少年沉溺于青春期，不肯长大。导致这种结果的原因很多。比如，受社会追捧的青少年能够立即得到强烈的满足感，传媒过分强调外表，20 多岁的年轻人难以驾驭现实生活。如果能停留在 18 岁，生活就会更简单。像查理一样，很多青少年的生活充满了乐趣，这是乏味枯燥的工作无法比拟的。对延长青春期的渴望，不是只有像查理那样的中产阶级才有。

心理学家埃里克·埃里克松把青春期归纳为探索和试验的时期。在这个时期，孩子们尝试各种不同的角色。越来越多刚成年的年轻人仍然沉迷于青春期时期的探索与试验中。这些活动并非总是危险的，但有些年轻人好像没有目标，或者感到困惑与混乱。当然，有一点犹豫也许是健康的，但太过犹豫则会使人消沉。**很多时候，职业选择的犹豫不决在延长青春期的需要中扮演主要的角色，但是有时候，内心不愿告别青春期，会阻碍对成年身份和职业的探寻。**

喜欢扮酷

青少年的特征中最先消退的可能是对"酷"的执著。酷是推销自己的策略和途径，在高中阶段最有效。"酷"似乎不会轻易从当代文化中消失，对那些希望受到同龄人追捧的人来说，它是十分重要的。"酷"的具体表现可以概括如下：

◆ 悠闲的举止

◆ 逞能与自信

◆ 冒险精神／打破禁忌

◆ 时尚的穿着

◆ 举止优雅、步履灵活

◆ 对圈内人友好、忠诚

◆ 被小团体接受

◆ 带有讽刺的幽默感／有点玩世不恭

◆ 突破常规

◆ 外表具有吸引力

青少年觉得必须在大多时候尽显放松，因为在最容易受到伤害和感到无助的时候显得放松，能给人一种不可战胜和强有力的错觉。流露出自信和勇气，冒一点风险，违反一些小禁忌，这些都是他们举行入伙仪式时要经受的考验。香烟、酒精、前卫文身以及某种古怪发型等足以让成年人恼火的事情，却恰好满足了青少年"扮酷"的需要。

"酷"还包括注意自己的形体，动作优雅，表情丰富，不时地定格在某种充满诱惑的动作上，好像是等待"狗仔队"的到来。女孩可以摆出某些反传统的姿势——翘起二郎腿，而男孩则大胆地露出内裤的裤腰。吸烟能同时满足2种需要：打破禁忌，同时提供了超酷的肢体运动的机会。刚开始吸烟的年轻人讲究的规律性手势和灵巧动作很值得一看，这是对"酷"的生动诠释。

"酷"还有其特殊的着装要求，被认同的音乐品位，对某些偶像的共同喜爱，对特定运动的热衷。在品位上，你可以有自己的选择，但一定要有别于常规。

要有些小创新，如果处理得当，你也许会被认为是"超级酷"。外表的吸引力和一定的幽默感可以让你更酷。最后，你应当很随和，你可以欺负或责骂那些外围的成员，他们却仍然认为你很酷。

有些刚成年的年轻人只要一涉及"酷"的准则，就无法冷静下来。典型的做法是：他们27岁时仍然歪戴着棒球帽。我有一个名叫艾伦·谢德林的同事，他曾经是一所学校的校长，后来成为纽约小学中心主任。他教给我一个新词"幼态"(neoteny)，意思是举止像少年一样的成年人。他们可能无法摆脱"十大酷相"，在我看来，他们很做作。在旅行期间，我在候机大厅里环顾四周，看到一位约60岁的人穿着蓝色牛仔裤，歪戴着棒球帽，还有其他一些类似青少年的装束。这只是纯粹的穿着爱好，还是严重的成长停滞？有时候可能是后者。

巴迪想成为所有人的密友，而且他确实有能力实现这个愿望。巴迪少年时期是当代酷孩的典范，他的品位、体态和肢体运动各方面都超出了所有"酷"的标准。巴迪从没认真对待过学业。他有个弟弟，考试成绩一直优秀。巴迪羞于带朋友来见他的书呆子弟弟。他们的父母年轻时都是嬉皮士，他们很宽容，允许孩子按自己的方式生活。父母并不是不管不问，他们给孩子提供了很好的生活条件。巴迪的父母很喜欢儿子的生活方式，尽管巴迪的学习成绩比较差，但是他们觉得他善于与人交往，相信他会在适当的时机、适当的地点取得成功。

巴迪成功地成为当地一所州立大学的兄弟会的忠实成员，成为受欢迎的大好人。他选择了社会学专业，是因为他发现那个系的课程大都在早上11点之后。他的各科都是勉强及格。毕业时，他的成绩在班上是倒数几名。大学毕业后，他就像游牧民一样，工作换了一个又一个。他坚信自己很酷，早晚会有人赏识他的。尽管经历了无数的沮丧，他还是坚持扮酷。他不肯努力工作，不采取主动。

很快，巴迪成了自己的头号敌人。他的老板根本不知道"酷"这个词的意思。在巴迪的周围，那些过去他一直都看不起的"蠢材"和"小丑"现在收入比他高很多。但是巴迪就是不肯放弃他青少年时的行为方式和价值观，因为这些东西在过去很长一段时间让他尝到了甜头。

巴迪患了严重的忧郁症，正在接受治疗。当我的同事（一位精神病医师）把他的故事告诉我时，我不禁想，巴迪在少年时就已经迫切需要帮助了。他需要认清自己以及自己将来要成为什么样的人。应该有人帮助他、理解他，肯定他在社交方面的才华，也应该指出他的不足，详细探究巴迪与人相处时的强大亲和力。巴迪可以选择的职业道路和大学课程应该建立在他的人际交往和行销才能上。更重要的是，一定要治愈他的幼稚心态，因为他根本不知道"舞会"终有散场的时候，那时他该如何去做一个快乐的成年人呢？

很多时候扮酷并不一定都是坏事。学会适应环境并获得接受也可被视为一项重要的技能。任何青年人和刚成年的年轻人所面临的问题是相同的：扮酷要付出怎样的代价？扮酷与努力从职业阶梯的底层向上攀登的人的形象存在多大分歧？为了继续扮酷，你要牺牲哪些家庭生活和教育？为了融入一个团体，你应该在多大程度上忽视、否认、压抑自己的特殊才能和独特个性？你能为了一份工作、令人满意的婚姻或家庭生活而放弃扮酷吗？如果这些超酷的青少年不想困在青春期里，就必须回答这些问题。

迷恋青春形象

我们的文化倾向于迷恋形体与外表。孩子们看的电视节目和音乐电视强调完美的曲线和性感的动作。强化外表的产品瞄准了青少年并无情地推销给他们，甚至连儿童也不放过。孩子们不断尝试各种装束，追求令人羡慕的外表。当这些青少年发现自己变成成年人时，马上惊呆了。很多人都经历过自我怀疑的时期，不确定自己的形体是否达到青春期中期或后期的标准。有时试验与探索会导致他们对性的探险，结果往往是不幸的。至于扮酷，着迷到什么程度才不为过？对形体的极度迷恋会妨碍智力的发展、职业计划和家庭关系吗？

珍妮特曾是个身材矮胖的孩子。小学时，尽管她很有潜质，但看起来反应较迟钝，而且社交也存在困难。她大多数课程都得"优"，成绩单上也都是老师的好评。她喜欢读书，五年级就开始写诗，诗中蕴含着丰富的想象。班里的女同学拒绝接受这位勤奋但超重的同学，无情地把她排除在圈子之外，这使她感到很郁闷，自信心到了崩溃的边缘。她渴望有伙伴，但是没有人理她。她尚在襁褓中的时候被一对老夫妇领养，周围大都是成年人，很少与其他孩子接触。

进入青春期后，珍妮特的圆脸逐渐消瘦，体重减轻，肤质越来越好，越发迷人起来。注意到这一变化后，珍妮特越发在意自己的形体。她开始节食，做大量的运动，效果相当好，但珍妮特对自己形体的过度在意演变为自恋。八年级时，她突然成了众多男生追求的目标。珍妮特的父母吃惊地发现，家里的电话响个不停。社交的满足感像突如其来的巨浪一样淹没了她，她根本无暇顾及其他事情，成绩越来越差。

九年级结束时，以前那个甜蜜、温顺的天使变得喜欢反抗、争辩，还经常说她妈妈"愚蠢"。珍妮特拒绝看医生。高中时，她总是不断要钱买衣服。珍妮特的妈妈萨莉总念叨她的独生女好的一面，经常向她让步并陪她一起去买高档服装。她们一起阅读时尚杂志，谈论化妆与发型，一起锻炼。

我常常感到很迷惑，父母经常不经意地迁就了孩子致命的弱点，难道这样做是为了赢得他们的好感吗？所有的孩子和成年人都在不同程度上关心着自己的形体和外表。这完全正常，也很健康，但过度迷恋外表会让他们不能自拔。有时，社会压力或难以抑制的被同龄人羡慕的渴望会激起这种过度的关注。另外，体育运动明星的成功加深了民众对形体的迷恋，这种迷恋远远超过了其他价值标准。有时这会带来灾难性的并发症，如神经性食欲缺乏、易饿症以及严重的抑郁症和心理健康疾病等。更严重的是，那些无法从青春期对形体的迷恋中解脱的人，可能会因为没有准备好继续生活而徘徊不前。在追求完美形体的过程中，他们忽视了心智的健全。

与成人脱节的世界

社会中的某些强大力量使青少年疏远成年人，这种力量迫使孩子们选择同龄人而非成年人作他们的榜样。如果你从来不愿仔细观察成年人的生活，那么

长大后，又怎么能成为有创造力的成年人呢？如果你一直以其他孩子为榜样，那么又怎能为成年做准备呢？在把成年人当成局外人这样一种文化氛围中长大的青少年，不太可能成长为对自己满意的成年人。

科利斯是芝加哥老城区的一个黑人孩子。他和母亲、兄弟姐妹住在一起。科利斯的母亲靠政府救济勉强过活，她的孩子都是同母异父的。科利斯隐约猜到他父亲是谁，但他告诉别人他并不在乎这些。他陆陆续续上完了小学。他感觉教室剥夺了他的自由，经常疑惑自己在那里能干什么，所以经常逃学，为此他经常挨骂。家里勉强能够维持生计，科利斯的母亲是个充满爱心、勇于奉献的女人，尽管政府的救济非常微薄，但她总是尽己所能安排好每一天的生活。家里唯一的亲戚是科利斯的外祖母，她偶尔过来帮着料理一下家务。渐渐地，科利斯开始憎恨缺衣少食的家庭现状，他害怕上学，除了在附近的街道和朋友们胡混，他无处可去。

12岁时，他就开始拉帮结派。不到15岁，他就开始贩毒、吸毒。科利斯崇拜那些十九、二十岁的帮派头目，认为他们是世界上最酷的人。他喜欢说唱音乐，很自豪地按自己所属的社会派别的要求打扮自己：编成辫子的头发、掉裤腰的宽大裤子、不系鞋带的棒球鞋，金属饰物，包括一个醒目的十字架——虽然科利斯从来没有去过教堂。

科利斯辍学了，他大部分时间都跟着同党漫无目的地闲逛。他在警察局里留下了犯罪记录，包括在商店里行窃和聚众斗殴。科利斯总是摆出一副凶神恶煞的样子。他经常得意地说，当他和他的武装团伙在密歇根大街的人行道上靠近白人时，白人总是穿过马路躲开他们。17岁的科利斯生活在真空里，他没有理想、计划、渴望、兴趣，整天混日子。更重要的是，他没有可认同的成年人来指引他、鼓舞他。全世界像科利斯这样家庭贫困而从小得不到良好教育的孩子数不胜数，他们只能成为相互模仿的榜样。他们从不前进，只是在不断寻求更多刺激的过程中原地踏步。他们提前进入青春期，沾染了青春期所有的坏习惯，摆脱不了和同龄人之间的坚不可摧的紧密关系。

科利斯处在浪费生命的危险之中，但是他出奇地幸运。在他快满18岁时，在缓刑期间，一位精明能干的少年法庭法官命令他加入一个一对一帮教项目。他被分配给卡尔文，一位有天赋的26岁社工。经过几个月的帮教，两个人结成了亲密关系。这是得到科利斯认同的第一个成年人——说唱歌手和棒球手除外（实际上这两类人都是他无法实现的目标）。

卡尔文让科利斯参加了一所职业学校的取暖与空调专业课程。科利斯很快就掌握了这项复杂的技术。他能在大脑中把东西清楚地描绘出来，不依靠文字描述就能理解管道系统（他可以绕开语言的困扰，而语言能力的欠缺曾经使他根本不可能在学业上取得成功）。他感到自己终于能做好一件事情了。这件事情成为他脱离青春期的车票，而且来得正是时候。这位年轻人的自信就像火箭升空一样越来越高，他已做好加速进入成年期的准备。遗憾的是，现实中还有成千上万个没有科利斯那样幸运的人，因为找不到那个起关键作用的成年人而无法顺利迈入成年，他们都极需要有人帮教。

老城区的孩子通常是成人社会与价值系统割裂后的产物，但可以从社会经济阶梯的角度来看这一现象。一些儿童和青少年感到，无论他们做什么都不能让父母高兴。因此，他们不知不觉地抵制成人世界及其所有"愚蠢的"价值观。他们有一个通用的应对策略：如果你无法成功，就诋毁你不能取得成功的任何事情。如果你不能让成人满意并赢得他们的尊重，就抛弃他们。你主要是为了朋友、为了关系而生存，这些关系应该能提供即时的快乐。如果你在学校或家里遇到了麻烦，你可以去找有同样遭遇的其他孩子，组成同龄人的团伙。在极端的情况下，有些孩子可能会最终加入极端教派或黑帮，就像科利斯一样，所有理想破灭了的年轻人都面临着成长停滞的风险，他们可能在20岁的时候仍会执迷于青少年的价值观和行为。

有些人对成年世界的疏远，可能是由于仇富心态。一家法国饭店的年轻女服务员向我吐露了她如何憎恨奢华的企业主管。她提到银行负责人不断提高信用卡利率，这样他们就可以购买昂贵的汽车并加入乡村俱乐部。她抱怨说这些主管对20多岁的年轻人的清贫生活熟视无睹，他们每月必须省吃俭用，为偿还信用卡债务而拼命工作。

儿童和青少年应该向成年人学习。过去，祖父母在教育孩子的过程中起到了很重要的作用。孩子们围坐在壁炉旁，聆听长者的经验教训和故事。每一位成年的朋友或家庭成员都有可能揭示成年世界的秘密。在有些大家庭里，亲戚之间关系密切，这可以使孩子们接触到各种各样的成年人的想法以及成年人的

故事。如今，大多数情况下，这样的机会微乎其微。近亲和老师是孩子们生活中除了父母之外接触到的仅有的成年人。从很小的时候起，孩子们就被要求不要跟任何人说话，因此他们距离成人世界越来越远。

当我应邀到别人家做客时，主人的孩子一般会礼貌性地打招呼，然后就躲进房间里，他们对我和我妻子没有丝毫的兴趣。在我小时候，当有客人来访时，我的父母根本赶不走我（尽管他们也试图赶我走）。他们的朋友有些很优秀，有些很怪，但都能引起我的好奇。我仔细研究这些人，就像准备考试似的。第二天早晨，我会跟父母谈论这些人。我想知道他们从事什么工作，为何如此成功，为什么他们总是不停地争论等。不管我在哪里，我都会跟陌生成年人说话，父母和我从未想过这些陌生人可能会以某种方式伤害我。我在进行基本的职业技能训练——学习如何与成年世界打交道。我认为孩子需要经常跟陌生成年人交往。也许我们应该甄选一批成年人，授予他们"安全陌生人"的称号，让孩子与他们交往。谈话之前，孩子可以要求看他们的"安全陌生人"证书！

渴望回到从前——逃避现实

一些刚成年的年轻人并非刻意去模仿青年人的外表，而是深深地怀念逝去的青春时光。支撑他们走过12岁～20岁人生阶段的道具已经没有了，他们感觉生活困难。下面是常见的一幕：

> 22岁的弗兰长期以来情绪低落。她在一家城市报社当记者，经常感到自己的价值被低估和压制。她在大学期间学习新闻专业，成绩突出。现在，她感觉自己的薪水满足不了自己的需要。她的父母拒绝在经济上支持她，因为她已经成年了，是独立的时候了。弗兰意识到她的青少年时代过得很棒。她是家里的独生女，家境富裕，父母在感情和金钱方面从不吝啬。她与母亲的关系非常融洽，母亲是她的坚定支持者。弗兰的生活井井有条，充满高密度的课外课程和有组织的娱乐大餐。弗兰总是说她没有时间独立思考问题。她一直是一个有责任心、勤奋的学生，但她的创造力和分析能力不强。

目前的这份工作要求她在紧张的截稿日期前写出稿子，为自己的特稿想出新点子，忍受上级主编对她的伤害性评论。过去，她习惯于舞蹈教师、竖琴教师和父母的高度赞扬。她不断试图重新赢得或再次体验那种荣耀，但却无法如愿以偿。好像除了父母以外，没有人会肯定她所做的一切，但在这个时候，父母只能起辅助作用，而这种作用似乎不大。她情不自禁地怀念起逝去的高中时代，怀念那种规则的、可预知的生活。那时她只须服从就能赢得分数。她一点也不知道该如何应对突如其来的压力和刚开始工作时的不成文的规矩。她感到被生活抛弃了，真想让时光倒流。

家，温馨的港湾

刚成年的年轻人，因为在社会中无所适从而渴望回到青少年时期的美好时光，这是很常见的。他回到了学校，但对毕业后的生活并没有明确的规划，或许只有一个朦胧的想法，也许是想从事某些与电信有关的工作。孩子搬回父母家，表面上是为了省钱，当然他也不会拒绝父母提供的有偿洗衣服务和其他好处。一旦回到家中，他就感到自己得到了强有力的支持，尽管他不久就会发现自己的自由受到了限制，并受到了过多的建议。

有时，这种回归能让年轻人重新认识自己并调整视角，也有可能使他们处于一种善意的等待状态——除非等待的时间太长了。父母也可能发现，让他们的"房客"和他们在一起有点费力不讨好，他们也许不应该让他过得太舒适，也许应提出一些条件（例如交租金）。如果有可能，我认为他们应避免为回归的"房客"提供任何资金支持。因为费用补助可能会消磨他的职业动机，并延长他的青春期。

生活不能程序化

如今的一些青少年就像机器人那样按程序工作。他们每周的生活早已被战略性地安排妥当，程序控制了他们的生活步骤，他们在监督和反馈的程序里穿

梭。看一看弗兰 16 岁时的课外活动安排：每周 3 次（包括星期六早晨）乐队排练，竖琴课程（周一和周三晚上），宗教课程（周二和周四晚上以及周日早晨），每周 2 次数学课程，每周五的现代舞课，还有社区服务项目以及在日托中心做义工。然后还有短期的集中义务活动，如学校的戏剧演出、为购买学校乐队队服而从事的筹款活动、在三年级舞会装饰委员会服务。在这些活动中，人们对她的期望都是明确的：你只要按要求做就可以了。这与刚参加工作时的情形形成鲜明的对比，工作中的期望一般不会这么明显，而且在工作中表现主动或提出一些创造性的想法会对工作有所帮助。

对弗兰和其他很多人而言，生活是高度程序化的，程序又总是一成不变地从外部强加的。她不必自己安排日程，或制订出自己的工作程序。她也不用显示自己的主动性或者创新性。她的成绩总是根据她是否服从，是否按照教练、教师或课程的要求去做来评定的。在某种意义上，这种程序化令人欣慰，它使生活变得繁忙却简单。但是现在，作为开始攀登职业阶梯的成年人，弗兰发现她必须建立起自己的结构，而且外界对她的评价主要依据她写作原创故事的能力。不管做什么事情，她都按老板的意图做。也许她的青少年生活并不像当时看起来那样丰富有益。弗兰应该有更多可以自由支配的时间，更多独立思考的机会，来决定她自己生活中的轻重缓急，安排属于她自己的生活空间。

打破青春期情结

也许没有人能够完全忘却青少年的经历。对大多数人来说，12 岁～20 岁这段时光充满了自我发现和满足感。这一时期的记忆可能是很愉快和激动人心的，但有时也会有些许的痛苦。这里有一个窍门，就是保留积极的记忆，放弃束缚手脚的青少年价值观。例如，对外表装酷，被接受、服从，为试验而试验的过度强烈的、具有潜在破坏力的痴迷。那些在青少年时期生活处于被监督位置的人，应逐渐摆脱对别人的依赖。刚成年的年轻人应努力告别青春期，迈向下一段旅程，并尽情享受这一旅程所带来的酸甜苦辣。而这一旅程，可以说是人生旅途中最有意义的一项突破。如果想在工作中顺利前行，就必须实现这一突破。

第2章 英雄不再

优等生的现实困境

我有这样的社会经济背景，没有什么是我
不能做的。我绝不可能在一所资金不足的学校
跟着一位缺乏动力的老师学习，因为我有很好
的条件。也许正因为如此，才使我在很小的时
候就丧失了学习的动力。

S.R. 27 岁

那些在性格形成阶段顶着无数成功光环而受到过度宠爱的孩子，现在如何了？从小受到过多表扬的孩子是否也会经受痛苦？我认为会。年轻人经历了十几年无拘无束的快乐日子，拥有出色的个人成绩与来自忠实追捧者毫不动摇的羡慕。然而，在刚成年的时候，他们会感觉好像失去了什么，感到被遗弃或被严重低估。的确，光环已逝去，偶像正在跌落，而且是重重摔下。

跌落谷底的偶像

格伦·马丁是个一头棕黄色头发的少年奇才。小学时，他是个意志坚强的运动员，而且各科成绩都不错。他的才华为他带来了成功、奖杯和荣誉。

格伦以班里最好的成绩从高中毕业，他是足球队的队长和全明星棒球队的一垒手。他进了一所常春藤大学，这也在人们意料之中。大学一年级时，他开始走下坡路。由于踢足球时摔碎了膝盖，他不得不放弃体育运动；在学业上，他也感到有些力不从心。他无法接受自己已经不再是学校里唯一聪明的孩子的事实。大学期间，他的成绩大多是良好，偶尔出现刚及格的情况。平生第一次，他在教师的眼里已不再是个特别出色的孩子，他也接受了这个事实。他的体重逐渐增加，自信心越来越不足。经过一番思想斗争，他再次选择了政治学，因为没有其他选择对他更具诱惑力。有意思的是，高中时格伦各科成绩都不错，但他没有发现一门让他特别喜欢的科目。从某种意义上讲,这个孩子发展太全面了,这对他反而没有好处。

大学三年级时,格伦的生活经历了两次重大打击。父亲被诊断得了恶性脑瘤,8个月后去世了。格伦与高中二年级时就开始约会的女友分手了。她说他变了,说他不再是她高中时代认识并深爱的超级明星。他心烦意乱,但他知道她是正确的。这双重打击使他过度忧郁。他想休学一个学期,但在母亲的恳求下又只好勉强支撑着。

毕业后,格伦不知道这辈子要干什么。他没有特别的兴趣,也没有特别的激情。正如他所说:"我什么也不知道,我什么也做不了。你知道,我没有特别感兴趣的东西。"他好像始终没从阴影中走出来,一直很抑郁,缺乏应对逆境的策略。平生第一次,格伦必须自己面对压力以及对自己能力的质疑。没有人教给他如何应对挫折,他所学的只是如何面对胜利以及如何表现出适当的谦虚。现在他不得不面对严峻的考验。从来没有人教他如何成功地应对困境,而这正是一个刚刚迈入成年的人必须掌握的技能。他是否在很小的时候就拥有了过多的成功与满足?高中时代真的是他一生中最光辉的时期吗?步入成年时,他无论如何也避免不了挫折。难道不应该让他对挫折有所准备吗?是的,应该如此。那些在青少年时期高高在上的孩子们也应如此。

有一次,我与来自一所著名大学学生健康服务处精神治疗科的一位负责人(我在医学院时的同学)进行了一次难忘的午餐讨论。"乔,大学里那些心理崩溃的学生都是怎样的?"他回答道:"他们并非家境贫困,而是那些有家庭问题或者压力很大的人。大学本科阶段垮掉的人,是那些从来不需奋斗的人,是大学预科或高中时期的超级明星。他们中的许多人曾是当地的小明星、受人崇拜的运动健将、全面发展的典范,他们似乎任何事情都能得心应手,受人敬慕。实际上,对这些孩子来说,他们的成长过程才是真正的贫困。他们从未学过应对挫折的方法。到了20岁才开始学习,有点为时已晚。"

格伦就是这样。他从来没有学会如何应对失败,如何从对自己价值的负面认识中振作起来。每个人迟早都必须学会面对并且克服失败,越早越好。格伦不知道大学毕业后该干什么。一开始,他根本不想继续他的学业,声称已厌倦读书了。他的体形恢复到良好的状态,找了一份在健身俱乐部帮忙的工作,因

为他自己一直对健身情有独钟。开始时，他感觉很舒服，因为周围都是跟自己有同样想法而且体格相似的人。他注册学习个人注册训练师的课程。拿到证书后，他又在这一行干了 8 个月，但感觉每天都在做重复的事。他憎恨那些五六十岁虽然富有却身材严重走形的人，而他却要为他们难看的形体服务；他厌恶那些精神状态有问题、食欲旺盛的中年妇女，在教她们"仰身法"的时候，她们经常跟他调情；他对同事也缺乏尊重，觉得他们中的很多人在生活中比他还迷惘。最后，他认为伺候别人形体的工作不适合自己。

格伦决定再回学校去。他搬回去跟母亲住在一起，并选修了历史学硕士课程。在接下来的 8 年里，他的生活是一个大杂烩：参加各种学术课程，毫无目的地攻读罗马历史博士学位，个人简历上写满了各种兼职工作，成为一个朋友的艺术团体的准会员……

像格伦这种就业准备不足的大有人在，他们的共同之处是缺乏客观的自我定位和明确的目标。其中一部分人，像格伦一样，20 多岁了仍然漫无目的，成了跌落的偶像。以前的他们如此成功，根本不必停下来思考自己是谁，因此为自己打上了傲慢的烙印，感觉自己注定要高人一等，不需要自己特别努力或作出任何牺牲，也不需要为未来烦恼。如果中学毕业时，格伦少获得一些奖励，培养一些运动之外的兴趣，业余时间找份兼职工作，情况或许会好很多，这样可以保护他免受成功带来的伤害，以及长期的破坏性的副作用。**"逆境出人才。"只要不过分严厉，那些要求严格的学校就能提供有价值的教育。**

昔日明星

格伦的困境也凸显了体育运动对正在成长的年轻人的影响。在就业准备不足的人群中，前体育健将占很大的比例。有太多这样的真实故事：孩子在运动中的天分通常在中学时被发现。很多人在高中时就是明星运动员。在同龄人中，他们高高在上，是家庭和邻居的骄傲。其中一些孩子到了大学仍然保持出色的运动成绩。然而很少一部分大学运动员会成为职业明星。那么，剩下的这大部分人的出路在哪里呢？

这些学校运动员被人以欺骗的手段剥夺了接受正常教育的权利。他们的运动能力如此出色，以至于其他方面都没有机会得到充分的发展。想象一下，高中和大学的 8 年里，习惯于在喧闹的观众面前表演，而 1 年后却要拼命找工作，这会是怎样一番景象呢？他们曾经以为荣誉的光环会永远笼罩着他们。

参加体育运动能够帮助孩子适应将来的工作。通过从事体育运动的经历，他们可以学习互相配合、制订战略、自我监督、延迟满足。他们能够掌握灵活性，学习如何从逆境中快速恢复。但体育运动有一个潜在的副作用：当一项运动成为过度膨胀的满足感和赞美之词的来源时，孩子可能会被剥夺任何由脑力劳动所带来的好处。当人们着迷于形体表面的成就时，一些潜在的发展心智的活动就被搁置到一边。有一天，游戏结束了，成年生活开始了，而那个已成年的孩子却缺乏对职业启动极为重要的心智技巧。我认为，应该在他们的运动生涯期间，帮助每个运动员发展心智方面的兴趣和追求。每个孩子都应该有自己的专业领域，有一些比同班同学或邻居小孩了解得更多、更富激情的东西。专业知识的逐步积累来源于长期的实践和知识的积累，这就是他们在职业过程中需要做的。

我们有时会碰到"迪瓦综合征"（Diva Syndrome）的案例。孩子或青少年学习了一些课程，如芭蕾、马术、滑雪，不断有人说他很有天赋。比如说，总是有人说 13 岁的梅格有一天能够获得奥运奖牌，或者教练给父母打气说他们的儿子查德的网球水平也许会在全国排上名次。这些诱人的预言可以完全扰乱一个家庭的生活，不切实际的希望被点燃了。父母可能把孩子看做潜在的奖杯，或是他们的优秀的遗传基因和养育技巧的见证。孩子也许会获得父母无止境的高度赞誉。当父母向其他人展示孩子的奖状或奖杯时，或在工作和社交场合吹嘘孩子高超的溜冰技艺和马术时，孩子正在经历信心的极度自我膨胀。但是在之后的某一时刻，现实会露出它真实的面目。你如何收拾残局？家庭把太多的希望寄托在未来的明星梦上，而没有对孩子的其他能力给予足够的重视和培养。那么，未来的明星就只能生活在"跌落的偶像"的阴影之中了。

当爱变成害

父母会本能地把孩子偶像化，这是爱的表现。父母的爱是不能替代的，没有什么比父母的爱更加高尚，它是一个年轻人扎根生活必须依赖的土壤和肥料。

我们知道，被剥夺了这种爱和家庭亲密的孩子会面临患各种各样精神或心理疾病的风险，但父母是否会有可能用破坏性方式表达他们的关爱？善意、慈爱的父母是否在不知不觉地伤害或阻碍着孩子的发展？很多尽责、善意的父母养育孩子的方式可能会让孩子就业准备不足。我们来研究其中一些例子。

过度保护

出于好心，一些父母把孩子看做易碎的水晶杯，让孩子免受任何挫折。这种对孩子脆弱性的错误认识在我们的文化里广为传播，这样反而使孩子更脆弱。

一位中产阶级社区小学的校长向我表达了她对该问题的关切。当孩子和老师或另一个孩子发生争执时，父母常常会迅速而有力地加以干涉。他们会去见校长，要求立即解决问题。这位校长认为，父母应该让孩子在解决冲突中扮演主要的角色。我也同意她的看法。我碰到的其他学校的校长也持相同的观点，越来越多的家长害怕让孩子自己处理生活中的冲突和困境，这种教育方式是很危险的，因为孩子可能无法独立地、有效地解决问题。在学校里经历的任何挫折，都应被看做教育的重要组成部分，但当父母为了保护（实际上是过度保护）孩子而插手处理挫折时，情况就完全不同了。父母可以充当孩子的得力顾问，但他们要避免过度干预。

学习解决冲突应该是成长课程的核心部分。当父母干预时，一个绝佳的教育机会就被浪费了。或许父母应该待在局外，担任咨询人。如果孩子要求，他们也可以提出明智的忠告。**替孩子解决争执，是把他放在高高的宝座上的一种方式，这可能会使他自以为是，认为自己不可战胜。在未来的某一天，他会吃惊地认识到一些冲突不会自动走开，除非他积极地通过谈判解决问题。**

过度保护孩子的父母也有可能压制儿童的探索和实践精神。他们也会使孩子很难体验更广泛的人际关系。对于绑架、虐待和其他恶劣事件的恐惧，也会制约儿童的成长。这些担心是可以理解的，也是明智的，但过度保护可能使孩子感到过于脆弱，易受攻击。最后，它可能导致孩子对将来某一天他必须进入的世界产生恐惧。到什么时候他才会被解放？对那一刻他是否会有所准备？如今的教育实践必须面对这个重要的挑战。

脆弱的小皇帝们

孩子可能在短时间内得到过多的东西，满足和刺激可能会耗尽孩子的动力和野心。充满娱乐和游戏的生活可能会煽动贪婪的火焰，而贪婪则具有潜在的自毁特征。父母不断把幸福送给孩子，最终也许会促使他们的孩子由于过分骄纵而感觉自己有无限的权力。这种感觉也许最终会使他们认为无须任何努力或自我牺牲，就能得到自己想要的任何东西，过着小皇帝般的生活。

乔纳森就是一个典型的例子。在互联网繁荣时期，他爸爸发了大财——把他所在公司内的股份卖了，得到近1.5亿美元。家里的独生子，乔纳森，象征着家庭的好运，父母和祖父母以及外祖父母都宠着他。6岁时，他的卧室装饰得像迪士尼乐园；7岁时，他就拥有了自己的第一辆摩托车；10岁时，他就驾着越野摩托车到处跑了；炫目的家庭电影院源源不断地供应动作片。他们全家一起度过了激动人心的假期。爸爸拥有了自己的湾流飞机，而且他们在滑雪圣地和海滩也有值得《建筑文摘》(Architectural Digest)收录的私家房产。乔纳森的父母带着他周游世界，即使这要把他从学校里接出来一个甚至几个星期。他们经常去欧洲、远东和加勒比地区旅游……许多孩子渴望得到的东西，他都有了，但乔纳森是否会成为拥有太多好东西的受害者呢？

乔纳森不是一个好学生，喜欢跟老师对着干。他常常拒绝做老师吩咐他做的事情。他很难适应像普通孩子那样排队吃午饭的生活。在家里他是个小皇帝，有一名毕恭毕敬的保姆时刻听从他的差遣。

当我第一次见到乔纳森时，他只有13岁，他的考试成绩和书面作业都很糟糕。我发现他在记忆力和注意力方面有一些功能障碍。他具备基本的学习技能，但却无法自动协调。他似乎并不知道自己学习上的问题，当我试图向他解释时，他一点兴趣也没有。我给学校和乔纳森的父母提出了一系列的建议，并要求乔纳森和家人3个月后再回来作跟踪调查。他们的生活日程大概排得太满了，需要应付各种慈善活动、乡村俱乐部的义务活动和日常的业务谈判等，因此当他们没履行约定时，我并未感到惊奇。紧接着，他们给我发来了一封电子邮件，说他们觉得乔纳森做得好一点了，因此觉得没有回来的必要，但他们许诺保持联系。

乔纳森 16 岁时，他和他的父母回来了，因为他的英语、几何和生物成绩非常差。在跟乔纳森谈话并研究了他的作文后，我可以看得出课程的严格要求超出了他的记忆力和注意力水平，乔纳森没显露出丝毫学习动力。他浑身上下流露出一种难以名状的优越感。他不再是可爱的小皇帝了，成了一名傲慢的少年。他经常发脾气，曾不止一次地说他恨母亲。他的父亲采取了"重要制裁"措施，"这个孩子应该长大并承担一些责任了。我们不能把他宠坏了。"他希望停止孩提时那样援助孩子，期望孩子一夜间在行为和观念上有所转变，但这是不现实的。

乔纳森勉强从预科学校毕业，成绩差不多在班里垫底了。他很早就拿到了大学入学通知书，因为他爸爸是这所学校活跃的校友。作为捐赠者的孩子，乔纳森心里总是有种不自在的感觉，因为他深知如果没有他爸爸的关系，他根本不可能上这所大学。不出所料，二年级时他辍学了。这时，父亲取消了他的信用卡，停止支付他的汽车保险。乔纳森四处漂泊，成了一个沮丧的流浪者。通过让父母丢脸，他得到了一定程度的满足。他以奇异的文身和 14 英寸的马尾辫打扮自己，企图通过这种方式来让父亲难堪。他依靠微薄的津贴生活，沉迷于毒品，整日无所事事。

我与乔纳森失去了联络。我只希望我或其他人能在这个孩子更年轻的时候帮他诊断一下，最好是在他变成小皇帝之前，因为孩子一旦当上了"皇帝"就很难改变了。现在，他是一个跌落的偶像，在本应创业的时期，他却无法独当一面。很多人像他一样，安静地生活在失望之中，但也有些人由于某种原因而"退位"（不再当小皇帝了），重新发现自己，并成为有创造力的人。

溺爱没商量

并不是所有的父母都溺爱孩子。我遇见过许多善于调教孩子的人，这些孩子在成年后生活得多姿多彩。认为只有有钱人家才会溺爱孩子是误解的。

北卡罗来纳乡间有一位名叫艾丽西亚·克劳福德的单亲母亲，与 2 个十几岁的女儿生活在一辆狭小的拖车内。她给我讲述了她 14 岁女儿的故事："列文博士，我根本不知道该如何教育这个孩子。她待在外面很晚才回家，抽烟、喝酒、到处乱跑，不做家庭作业。说实话，我怕她怕得要死。不过到目前为止，她还没惹出什么大麻烦。但如果她生气了，就有可能做出许多坏事情。她可能会吸毒、会怀孕，或犯罪，到商店里偷东西，或干出别的什么意想不到的事情。我非常爱她，这些年来我努力工作，就是为了让她拥有一切。现在我必须细心待她，如果得罪了她，她有可能通过伤害自己来惩罚我。"

像克劳福德夫人一样，许多父母越来越怕他们的孩子，特别是那些正处在青春期的孩子。少年可以利用多种方式来伤害父母，甚至不用公开威胁。她可以饿自己，过度性感，怀孕，威胁自杀，犯下轻微的罪行，离家出走，在学校里不学习，跟城里的"坏孩子"混在一起，加入极端教派，吸毒……父母通常会对孩子格外好，尽量让孩子享有更多的"快乐时光"，经常给孩子买新鲜、刺激的东西，尽量避免长期忙于工作或生意而疏远孩子，尽量降低对孩子的期望值，或尽量不让孩子承担生活中超出他们能力范围的责任。父母面临着成为享乐主义童年制造者的危险。

这些过着优越生活的孩子的未来到底会怎样，我们无法准确预测，但这一切让人忧虑。不过我确定他们将不得不经历一个痛苦的调整期，到那时他们就只能向那些毫无特殊感情、只根据能力和生产率来评价他人的老板或上司汇报。这样的年轻人或许会发现，他们不可能再像对父母那样来操纵这些陌生人了。

骄纵的代价

如果孩子在家中过度骄纵，在学校成为别人羡慕的对象，他就有可能感觉世界像欠了他什么似的。上大学的时候，他可能会觉得教授们也应该顺着他们的性子，讲课时应该生动有趣，并愿意提高他的分数。刚参加工作时，他很有可能会感到相当失落和迷茫，因为他会吃惊地发现，老板和同事根本不理会他的任性。

如何防止优等生陨落

父母应该认识并克服潜意识里对孩子的恐惧。父母把权力让给孩子并不符合孩子的意愿，他们也许会因此变得非常伤心，或者对自己和家庭做一些不利

的事情。当然，孩子需要爱，但在某种程度上，**他们更渴望坚韧的爱**。所有孩子都需要父母设置一定的限制，以显示他们对孩子的关心。同时，父母应该给孩子提供巧妙处理挫折、冲突和损失的直接经验。父母在满足孩子对物质财富和愉快生活体验的追求时，应该加倍小心，否则孩子在创业阶段可能会对现实生活感到失望。

防止偶像跌落的最佳方式，首先是避免让孩子成为偶像。童年和青少年期应该是成功与失败、专制与适度的自主、表扬与批评、乐趣与压力的健康组合。应当引导孩子，而不要怕孩子；要爱孩子，而不是崇拜孩子。

第 3 章 迷途的羔羊

走上错误的职业道路

> 我对转变毫无准备，钱是最大的问题，我总是入不敷出。
>
> I.F. 22 岁

> 我最大的恐惧是在 55 岁时，一觉醒来后发现我憎恨自己所做的工作。更令人惊慌失措的是，经过一段时间，我才发现自己所做的事情无关紧要或毫无意义。
>
> S.R. 27 岁

罗伯特·弗罗斯特在《未选择的路》(*The Road Not Taken*) 中对创业阶段的艰难选择作了近乎完美的比喻。

未选择的路

罗伯特·弗罗斯特

黄色的树林里分出两条路，
可惜我不能同时涉足。
我在路口久久伫立，
向着一条路极目望去，
直到它消失在丛林深处。
但我却选择了另外一条路，
它荒草萋萋，幽寂肃穆，
显得更诱人，更美丽。
虽然在这两条小路上，
都很少留下旅人的脚步。
虽然那天清晨落叶处处，
两条路都未经踏足。

呵，留下一条路等改日再见！

但我知道路径绵延无尽头，

恐怕我难以再回头。

人生的选择就像在十字路口一样，人们必须决定走哪条路。我们的社会越来越复杂，通常可供选择的路不止两条。面对比其他任何历史时期都要多的工作选择，有些人茫然不知所措。理想的情况是，你第一次就选择了正确的道路，因为你可能没机会再回头去作别的选择。但如果选择了自己无法驾驭的道路，或者选择了把自己带往不想去的地方的道路，怎么办呢？他们是在何处或如何迷路的？他们是一群数量不断增加的、充满忧虑的创业者。他们是教育和文化系统的受害者，这个系统没能帮助他们认识自我，也没有为他们指明作为创业者在多条道路中作出选择的方法。

许多青年人之所以一开始就选错了方向，原因有很多种。首先，有些人迈入了并不适合自己的工作领域。他们或者无法领会工作的要求，或者不了解自己的兴趣、能力和局限。后者的问题是这个时代的标志。许多准备不足的创业者处于困境中，他们的自我认同和人生目标之间的联系被割裂。在另外一些情况下，人们走弯路则是由于生活所迫或权宜之计。例如，急需金钱或经济不景气时缺乏适当的工作机会。

另一条错误的道路是：一个人找到工作，开始时摇摆不定，他可能误会了人们对自己的期望，并且沿着不会带来职业成功和满足的方向继续走下去。作为一名新手，一名刚入职的新员工，他或许不经意间就养成了一些令人讨厌的习惯，落下了不好的名声，这些在无情的职场中几乎没有扭转的可能。或者有人也许没预料到工作可能需要的素质，因而缺乏这些具体技能。在这种情况下，走补救之路可能是不可靠的，甚至是行不通的。返回最初的岔路口重新选择更是不可行的。

被动择业——误入歧途

跟高中甚至大学的生活相比，就业后的生活可能会让人感到约束特别多。

正规教育就像自助餐那样：你什么都能得到！更重要的是，你不必从这些诱人的菜肴中作出选择。你能吃到所有的菜——小份、中份、大份，任由你选择。青少年只要稍微感到有些无聊，他们就可以立即切换到新的"兴奋频道"，他们也可放弃任何厌倦了的东西。对他们来说，生活就像由万能遥控器控制的一样。

我们知道，在当今社会，孩子的钱都很好赚。很多行业以各种产品引诱年轻人，这些东西无助于增强他们的心智或帮助他们把握自己的生活。猛然间，20多岁的他们不得不作出痛苦的决定。他们必须对自己的所作所为加以限制。他们必须为自己选定一个初始职业，必须从基层做起。他们不可能将自己向往的生活全部拥有或全部经历一遍。"自助餐"结束了，尽管菜单上的可选菜是无限的，但这些刚刚成年的年轻人不得不只选择其中的几道菜。这对那些很少或从未长期自始至终致力于一件事情的人来说，可能是十分痛苦的。

戴安娜是生活在郊区的一位中产阶级黑人女性，选择法学院主要是因为有人告诉她这会为她"开启多扇大门"。高中时，凡是她接触过的事情，她都做得很出色，毕业时已获得了一柜子的奖状和荣誉证书。虽然她令人难以置信地"全面发展"，但她缺乏强烈的学术激情，对未来也没有太多的思考。她学的是经济专业，当她从一所常春藤大学毕业时，毕业成绩名列前茅，但她感觉自己并没有从中学到什么东西。她是这样说的："我大学毕业时，仍然天真幼稚，不谙世事。"她上了一所精英法学院，在那里作法律评论，并成为了这个国家令人向往的一群法律专家中的一员。但是戴安娜不喜欢法学院，她也不喜欢那里的同学，认为他们表现出了赤裸裸的野心，没有社会责任感。

她现在28岁了，在一家律师事务所做初级职员，但她憎恨这个工作。她觉得法律事务乏味无趣。她的父亲也是律师，并且开了家律师事务所。在旁人看来，她的生活似乎充满挑战，但戴安娜从未在自己的事业里找到过那样的感觉。她父亲的实践经验对她来说并没有太多吸引力。她在一家大型律师事务所工作，她必须从事业阶梯的最底层拼命往上爬。有一次，戴安娜若有所思地对她丈夫说道："我认为自己快要燃尽了。我的生活就像永无止境地爬山探险。当我到达峰顶时，我必须再回到山脚，重新开始攀登，一次又一次，反反复复。上小学时人人都喜欢我，后来我们搬家了，我在中学必须一切重新开始，很快我也成为中学的重要人物。但我随后又进了被称为'大型垃圾场'的高中，那里几乎没有一个人认识我，因此我必须在社交上和学业上重新开始攀登。然后我上了大学，开始了又一次耗尽气力的登顶之旅。下一座陡峭的山峰是法学院，又是竭尽全力地攀登。现在我在律师事务所里又处于最底层的位置，重新向上望去。我不知道自己是否还能应对，我甚至不知道自己是否还想这样做。"

戴安娜的薪酬不错，结婚后有 2 个孩子，她丈夫是一位软件销售员，家庭收入相当丰厚。他们在郊区的高档居住区有了一个新家，有了最高金额的房屋抵押贷款，并且以高额的汽车贷款购买了银色雷克萨斯越野车和全新的配有后座 DVD 播放机和 GPS 导航系统的道奇大篷车，她的孩子很快上了私立学校。这一切并未让她感到如释重负，相反，她感觉陷入困境，她不可能再走回头路了，难道不是吗？

虽然她有能力在法律上取得成功，但戴安娜不能容忍这份工作。她是如何陷入这个困境的呢？其实当她决定进入这个行业时，并没有真正了解这个行业。即使她父亲是律师，戴安娜也丝毫不了解当一名年轻律师会是什么样子。当时，她在很大程度上并没有接触过法律。**孩子们经常会因为表面的原因而盲目地选择道路，他们并不知道自己选择了什么样的道路，这条道路伸向何方，直到他们在那条道路上走了很久很久。**我认为这是教育系统中的一个重大空白，对此，我将在本书的第 11 章里提出补救的办法。

此刻，戴安娜是否真的没有出路了呢？我认为情况还不至于那么糟糕。职业是可塑造的，如果你足够机智并且甘愿冒一点风险的话，你就能以自己的方式塑造职业。她可以在法律行业内寻找自己感兴趣的领域，选择几乎是无限的。这里略举几例：不动产法律、刑事辩护、产业规划、体育或者娱乐业法律、教法律课、法医学。她甚至可以完全离开法律领域，进入商业领域，她的法律专业背景对她将是有力的支持。跟戴安娜处境相似的人们需要经常研究职业选择，并在以后不断地加以修正。他们应该到处留意，善于发现当前的工作机会，他们应该不停地搜寻。迟早他们会找到既能有效利用自己的教育背景，又能满足自己兴趣的工作。

20 岁的朱厄妮塔在洛杉矶的一个贫民区长大，父母是非法移民，工作非常劳累，辛苦赚钱来抚养孩子，同时还要寄钱给墨西哥瓜达拉

哈拉的家庭成员。他们经常强调孩子们要自强并做出一番成就来。朱厄妮塔有 4 个兄弟姐妹，全家就像沙丁鱼罐头一样挤在一套只有两间半房的破旧公寓里。他们家里没有隐私可言。朱厄妮塔从来就不怎么喜欢上学，也不喜欢待在家里，但她有很多朋友，她也没有惹什么大麻烦。她 15 岁时生了一个男孩，17 岁时生了一个女孩，但孩子的父亲不是同一个人，他们都曾是她的临时男友。由于父母的坚持，朱厄妮塔设法读完了高中。她上了一所社区学院，学习做医疗技师，但 4 个月后就退学了，因为她觉得很乏味，她也想念她的朋友，并且没有时间照顾她的孩子。

朱厄妮塔最终做起了超市出纳员的工作，扫描日用百货，每天工作 8 小时，每星期工作 5 天。她之所以做这个工作，是因为她的一个最好的朋友也在这间商店工作。令人失望的是，朱厄妮塔在这里工作没多久，她的朋友就被解雇了。而她做到现在已经 18 个月了。她为了下班后的时间而活着，她觉得自己"愚蠢而又无用"。朱厄妮塔说她看不到生活的前景，很显然，她是正确的。难道要她把剩余的时间花费在扫描条形码上，自欺欺人地认为她也是在与人交流吗？她对每一位顾客都要用她那虚伪但好听的墨西哥口音说："祝你今天过得愉快！"而事实上她知道自己这一天没什么愉快的事情，而且她也根本不关心顾客是否愉快。无论如何，你还能指望一个 20 岁的收银员做什么呢？她甚至不必计算找零钱，也不用知道扫描过的产品的名字和价格，她甚至认不出每天都能见到的顾客。这会怎样影响她的情感呢？她的人生观如何呢？我总能在超市看到像朱厄妮塔这样的年轻人，我很担心。我认为零售商应该对刚成年的雇员的心智负责。

这也许和一位 69 岁的寡妇为贴补家用和摆脱单调孤独的生活而做这件简单重复、兼职性质、不用动脑的工作是一回事，但是年轻人来做这件事，就会被人看做二等公民，除非这项工作中还有其他的机会。首先这项工作应被看做是临时性的：刚成年的年轻人应该把这种工作看做飞机降落前在空中盘旋等待的阶段，从某种意义上说，它是块垫脚石。那个扫描条码的人也应当学习零售业的相关知识，并有机会得到管理职位，这样她就会有所期盼。她也应该从扫描条码的工作轮换到货物上架的工作和其他工作。超市还应该为她指定一位指导者，可以是经理或经理助理，他们定期碰面，谈论她的工作情况以及发展前景。换句话说，她必须能够看到自己的出路。

学校看门人可以为他负责维护的大厦的良好状况感到自豪，他可以感觉自己是学校团队的一分子，可以在学校里建立一个人际网络，跟老师成为朋友，也能在学生之中找到学徒。勤杂工或洗碗工同样可以追求进步，同时在工作中共享权利。他可以把本职工作做好，从而获得满足。他应该为工作要求的改变作好万全的准备。他的上司应该建立良好的工作氛围和生活环境，使员工都能在工作中获益。对那些极端贫困的青年人或有发育障碍的年轻人来说，一份卑微的工作至少也能提供一线曙光。

保守择业——放弃机遇

选择职业总有一定的风险，但人们必须抓住机会。我碰到过很多青少年，我称他们为"保守的不愿冒险的人"。这些人大都是非常自卑的学生。在我的患者中，他们是在学业上和（或）社交上表现较差的孩子，他们也许由于缺乏学习动力而被一再责骂。他们在12年的时光里所受到的屈辱可能比大多数人一辈子所经历的还要多。他们很有可能觉得自己生来注定要失败，一事无成。因此，他们对未来变得悲观。事实上，他们可能已下定决心把未来一笔勾销。同时，他们倾向于扼杀自己曾有过的任何志向。他们决定谨慎行事。一个年轻人向我倾诉："曾有一位六年级的老师，不停地当着其他孩子的面羞辱我。她知道我的算术极差，但她仍然让我当着班上其他孩子的面在黑板上做算术题。只要我算错，她就会一直大喊大叫，其他孩子就会大笑不止。我过去常常做噩梦，都跟这个有关。我梦见我光着身子在那里做数学题。即使现在，我也会时不时地重复做那个梦。我不想让同样的事情再次发生在我身上。后来我谨慎行事，保持低调，我对生活的要求非常非常低。这样我会感到安全一点。"

我以前的一名患者，奥马尔，是个典型的保守、不愿冒险的人。他忍受了长期的语言与快速检索记忆方面的困难，这些功能障碍使他注定在教室里不断

遭受挫折和困窘。他接受了几年的辅导、治疗和咨询，但这些都无助于提高他的平均成绩。他的父母，两位软件工程师，坚定不移地爱护他，支持他，但每次帮助都以失望而告终——奥马尔自己先放弃了。

我第一次见到奥马尔时，他大约18岁，这个男孩的自我感觉就像跟火车相撞的汽车一样糟糕。他完全相信自己是"愚蠢的"（他自己这样说）。十一年级的时候，他感到绝望、迷茫，他已经留了两次级。但奥马尔是一个音乐天才，他会吹奏小号和萨克斯管，自己也创作了一些曲子。他在一个爵士乐组合与某个行进乐队表演中的成功，是他到目前为止得到的唯一一次正面肯定。

奥马尔曾有机会参加一个声誉很高的管乐夏季课程，但他拒绝了。看来他成了自己最大的敌人。我们讨论了把他的激情和音乐能力结合起来的事业道路的可能性。当我提到他可以申请上音乐学院时，他坚持认为那是浪费时间，因为他绝不会被录取；当我问他如果他遇见一些作曲家或其他管乐手，是否对他会有所帮助时，他说他们不会帮他的；当我建议他将来或许可以教孩子音乐时，他冲我大喊大叫，说那样工资不高；当我问他是否可以参加试奏，尝试加入管弦乐队或音乐组合时，他说他"永远"也不可能赢得别人的赞许；当我询问他是否考虑也许某一天组建自己的乐队时，他声称市场已经饱和了，已经有太多的乐队了。奥马尔砰然关上了所有可能对他敞开的大门。

奥马尔19岁高中毕业时，对失败有着深深的恐惧，以至于不允许自己再冒任何风险。最终，在几年的无所作为和犹豫不决后，奥马尔在社区学院注册学习了2年的音乐和音乐教学。毕业以后，他找到一份工作，在一所中学负责乐队工作。他喜爱他的工作，是一位非常不错的老师。这时他遭遇了一次挫折，跟他交往了2年的女朋友离开了他，因为他不愿跟她结婚。他说目前无法作出这样的承诺，尽管他坚持说爱她。5年后，有人向他提供了一份赚钱的工作，在一个非常成功的摇滚乐队担任萨克斯手，他也可以在乐队演出的同时仍然保留教职。这是一个千载难逢的机会！尽管他很喜爱这个乐队的工作，但他拒绝了这个提议，因为他害怕把事情搞砸了。

奥马尔挣扎了一番，最后还是退却了，尽管他来自一个比较富裕的家庭。然而有许多来自贫困家庭的孩子，在学校和家里也承受着太多的压力，他们有可能成为永远不愿冒险的人。这也许听起来很奇怪，但在职业上缺乏冒险精神会导致他们在生活的其他方面冒一定的风险。他们过早地离开学校，也许会吸食毒品，也许会犯罪。他们踏上了默默无闻的自毁之路。

盲目择业——薪水高于一切

在我们的社会，当孩子对自己的身份认同不明确时，他们无法把自己的兴趣跟朋友们的区分开，他们的首要目标是追求金钱，而非个人事业上的满足感。大四的毕业生把自己拍卖给出价最高的雇主，结果却发现他在享受丰厚薪水的同时，痛恨所做的工作。**对金钱的追求迟早会使人生中只剩下空虚感。很多人习惯于在薪酬高一点的工作机会出现时就换工作，这是一种职业上的目光短浅。这种现象在有贪得无厌倾向的年轻人当中相当普遍，他们从未考虑过拒绝诱惑。**

择业不充分——不了解办公室政治

当你不了解工作对你的要求，也从来没人教你初入职场的基本规则时，你如何能指望成功呢？如果你忽略了职场的人际政治会怎样呢？让不了解情况的你寻找取悦老板的方法，却错误地估计了老板的期望，该怎么办呢？在这样的事例中，有着良好意愿的工作新手可能仅仅会因为自己的天真幼稚而失败。

艾琳像很多刚开始工作的年轻人一样跌入了一个陷阱之中。大学毕业后，她找到了一份不错的工作，而女学生联谊会中没有多少人像她这么幸运，因为大多数人的经济状况很不乐观。她是个成功的通信专业学生，她在竞争中取胜，被任命为一家地方电视台的助理新闻制片人。她不可能要求得更多了，在前6个月的工作期间，她表现得出类拔萃。

艾琳经常长时间加班，但没加班费。她进取心很强，就像喷射的油井一样，不断涌出可以制作特别节目的好点子，她自愿把这些特别片段组织成一个完整的节目方案。简而言之，艾琳表现出了出色的主动性和独立性。这样做的结果是她几乎疏远了所有的同事。她既把他

们当做竞争者又当做同事，这种想法太天真了。她经常夸耀自己的成功，想当然地以为周围的人都会为她的工作感到自豪。没人告诉她职场的为人处世之道。另外，在她热情地施展自己才华的时候，艾琳忽略了一些普通的日常义务，从而激怒了某些新闻播音员和资深制片人，因为他们期望她能为他们多做点事情。

艾琳是如此勤劳能干，但在8个月后她却被解雇了。她一下子懵了，这是极不公正的：一个人不应该因为工作出色和表现出主动性而受到惩罚。但艾琳也应该做些不起眼的事情，她也许应该更加注意培养与同事的关系。她是在工作中表现幼稚的受害者。**作为一个刚刚参加工作的年轻人，要想成功不仅仅需要能力和动力，你还必须对同事和上级的需要与希望十分敏感。**

许多初入职场的年轻人无法解读职业描述（书面的或更宽松的口头协议）中暗含的内容，他们可能对工作中的现实问题一无所知。他们小时候根本不曾研究过这些问题。他们没机会听成年人谈论工作的来龙去脉和盛衰沉浮。没人告诉他们，不要触犯上级的利益或公开超过上级，因为这样一来，上级会感到自身地位受到威胁；没人告诉他们，同事可能通过恶意攻击他们而断送他们的前程，他们应该小心迈步。负面的名声会反映在工作考核表上。

结论是不可否认的：孩子们在学校学不到某些对他们来说极其重要的经验，而这些经验能使他们为真实世界中暗藏的挑战做好准备。

你的同事或上级可能永远不会跟你说实话，比如艾琳，一个刚成年的年轻人，可能会招致一堆怨气，没人会给她任何提示，直到局面无法挽回。在学校，不论他们喜欢与否，学生们总是不断得到坦率的反馈——成绩单上夹杂着表扬和批评，还有来自父母、朋友和老师的反馈。相反，在事业早期，人们也许会因为无法真正地了解自己做得如何而感到恐慌。记得当我还是哈佛医学院的一名初级教员时，一位副教授警告我说："列文，让我告诉你吧。这儿没人会花时间告诉你，你做得究竟怎么样。而且即使你问，他们一般也不会据实相告。不过你要记住：**始终有人注视着你，并据此作出判断。所以，你要随时提高警惕。**"

我们必须帮助学生在踏入社会之前克服天真幼稚的毛病。上大学前，他们应该了解职业本身和职场规则。此外，他们还应该学会如何自我监督，如何审视自己并找到自己的强项。

就业有误差——能力与兴趣错位

梅里尔快 30 岁时，事业跌入了谷底，主要是由于他的能力和兴趣之间有不可弥合的鸿沟。从孩提时代起，他就一直着迷于户外活动。最值得一提的是，梅里尔是一位出色的模拟堡垒建造者。修建松塔结构堡垒时，他可以持续工作好几个小时。12 岁时，梅里尔是 4 个坚固的防御堡垒和几个华丽的树屋的建造者、主人和临时居民。他和朋友们在这些模拟建筑附近痛痛快快地玩耍。在许多夏夜，这些建筑就像住满士兵的军营。随着年龄的增长，梅里尔的产品系列逐步多样化，他开始制造火箭模型，和朋友们一起从他家旁边的草地上发射火箭模型。这些火箭是梅里尔非凡的机械空间能力与足智多谋的另一个见证。

梅里尔很喜欢户外活动，但对于大多数室内用脑的活动，他都极其反感。他不喜欢阅读，无法忍受集中精力于细节，而中学以来的大多数课程都要求他这样做。他学得最差的课程是数学，他知道毫无希望了。他的学业变得更加糟糕。虽然他在记住自己的物品方面并没有问题，但他没有能力应付任务繁多的日程安排。他不能安排事务的优先顺序，因此有时候，他连续花几个小时却一无所获，最终错过了最后期限，或没有时间准备期终考试。他从来不作计划，头脑里想到什么就做什么。

即使在修造结构精细的堡垒时，梅里尔也没有任何工作计划，只是理所当然地一步接着一步建造。尽管如此，结果却极其出色。只要牵涉到建造方面的工作，他就似乎具有自发的创造性，尽管他讨厌细节并且组织能力极差。梅里尔上完了高中，并且没有任何科目不及格，这要归功于的他的总体智力水平。他个性招人喜欢，而且还是个相当不错的领导者。

梅里尔进入了一所很少会将人拒之门外的地方学院，在那里成功地度过了 2 年。在那期间，他将精力主要放在社交技能上了，然后，他决定休学去赚点钱。夏天，他在建筑行业工作得非常开心。20 岁时，他成了一位房屋装修木匠的学徒。在为新家做装修时，他的师父总是不乏精彩的点子，梅里尔深受鼓舞。他

跟这位天才工匠一起工作是如此愉快，这种感觉他以前从未有过。梅里尔没有返回学院继续上学，在接下来的 4 年中，他跟着师父做木匠工作。做了 18 个月后，他就不再是一位学徒了。他的薪水不错，工作也值得赞扬。但梅里尔开始变得不安起来。他跟一位可爱的女孩订了婚，她清清楚楚地告诉他，她想有一个大家庭。她学的是音乐专业，而且仍在上学，她从没想过要找工作，因此梅里尔下定决心要挣大钱。而且他对替别人打下手的工作已经厌烦了，毕竟他小时候总是扮演领导者的角色。他想让别人为他工作，认为自己当老板将更能打动他的未婚妻和她的家人。

梅里尔总是对转包给他和他师父工程的承包商感到很羡慕。这些人开着昂贵的汽车，住在豪华的房子里，带着 18K 金的劳力士手表。他们极有权势，雇员也对他们很忠诚。因此，梅里尔放弃了他的工作，并且下决心要成为一个承包商，并着眼于将来成为一位重要的房地产开发商。

凭借他诱人的魅力、优秀的表达能力、出众的外表和出色的领导才能，梅里尔给人的印象是一位值得信任和合作的人。由于抵押贷款利率低，房地产业在当地很繁荣，他没有碰到多大困难就赢得了那些想把房子建得有个性的客户的青睐。他确实有很多建筑方面的好点子，并对客户作出了许多承诺。人们惊奇于他能就新房子的建设要求达成协议而不必做任何技术上的笔录。他接手了一些项目，也许是因为接得太多了，他以前就有的神经发育障碍突然像鬼魂一样缠住了他。他完全乱了章法，无法协调各种各样的水工、电工和泥工的派送和交付。他的头都大了，对细节的注意、定量思考和时间管理方面的问题总是像肿瘤一样折磨着他。现在这些肿瘤正在扩散。他的粗心和延误期限激怒了客户并且引发了几起诉讼。大多数优秀的转包商都拒绝为他工作了。

27 岁时，梅里尔在未婚妻终止婚约的同时宣布破产，他的生活变得摇摆不定。到底是什么出了差错？很显然，梅里尔没有充分地了解自己，他与其他许多抛锚的刚成年的年轻人一样缺乏对自己的正确认识。梅里尔的志向和他的能力严重不协调。他对数学和细节的反感以及他的组织能力，都因为他执迷于承包商的空虚幻想而被忽视了。这是任何人都无法忍受的兴趣和能力之间的不协调现象。梅里尔根本不了解自己。

如果梅里尔再多考虑一下自己的不足，他就可能会选择一条更加适合他的道路。或许他应该从事普通的木匠活，而不是去做需要复杂组织能力的承包商的工作；或许他应该找个合伙人或雇用注重细节、思维缜密的人。

安德烈和梅里尔一样不擅长组织管理，但除了在时间管理方面的问题以外，他在记忆力方面也有障碍，他每天要花费很多时间寻找丢失的物品。像梅里尔一样，他也痛恨细节，做事情大手大脚。安德烈一直喜欢烹调，决心要成为一名大厨。高中毕业后，他去了约翰逊 - 威尔士，那是一所位于罗德岛的著名烹饪学校。在那里，尽管他由于懒散、拖沓和粗心而不断受到警告，但最终他还是毕业了，并得到了一家郊区餐馆大厨助理的工作。他做得非常成功，后来转到费城市区一家繁忙的餐馆里做大厨。安德烈在日常生活中仍然完全混乱，他经常迟到，总是丢东西，社交生活充满了被遗忘的约会和人际交往的失误。总之，他的生活是一团糟。但在厨房里的安德烈是完全可靠的，在各个方面都有条不紊。安德烈展示了一种"专门领域功能"现象。也就是说，当他在一个高度具体的领域工作时，他会克服他的不足。有语言问题的人如果特别喜爱体育运动，在谈论篮球时也许会变得口若悬河；杂乱无章的人如果特别喜欢烹饪的话，在厨房时的表现也许能得满分。每当有人表现出一种严重的不足时，要看一看那种不足是否在特定领域能最小化或被消灭。发现这样的领域可能对一个人选择自己的职业有着重要的意义。

能力与兴趣不一致的情形非常多。许多人受兴趣的驱使，作出与他们的能力不吻合的职业选择。请想象以下情景：

◆ 有的人特别想当牙医，但他有精细运动功能障碍；

◆ 有的人社会认知技巧很差，但工作要求他经常与陌生人打交道；

◆ 创造力极强的人却要整天坐着，往报表里输入数字；

◆ 自我表达有困难的女性却准备去当社会学老师；

◆ 无法处理严重的个人问题的人，却即将成为精神病医生；

◆ 没有天赋的吉他弹奏者想成为专业演奏家；

◆ 长期坐在同一个地方易疲劳、不安，并伴有注意力缺陷的人却当上了卡车司机。

这些人从事的工作有可能会被自己的缺点毁掉，他们是否被误导了？一个人什么时候应该听从他的内在激情的呼唤，他什么时候应该主动放弃一份无法成功的职业？这些问题没有统一的答案。一方面，对一个刚成年的年轻人来说，不应该完全否定他们个人成功的机率。**你要善用你的长处，回避你的短处，设法使你的个人能力符合你的兴趣。**世界上有无数的职业，毫无疑问，你能发现许多符合你个人能力的职业；另一方面，如果你决心追求可能暴露你弱点的目标，那该怎么办呢？如果你知道自己在做什么，如果你不回避自己的弱点，那也许是可行的。但人们需要尽快知道他们所走的路是否是一条死胡同。然后，实事求是地重新评估，努力寻找能把你的热情跟能力重新结合起来的方式。

选择正确的职业道路

在《未选择的路》中，弗罗斯特曾经哀叹：

但我知道路径绵延无尽头，

恐怕我难以再回头。

实际上，为了在必要的时候重新择业而再次回到道路的分岔点，是可能而且必要的。这样做，可以判断所选道路是否正确，是否有必要再去选择另外一条道路。这样的认识能给许多没有做好充分准备和首次选择不慎的职业新手提供安慰；它甚至能在事业的发展时期挽救一个人。关键在于时机的把握。一个人不应该在道路还没有被完全探明之前就半途而废；一个人也不应该永远被困在错误的道路上。**刚成年的年轻人应该制订工作计划，并周期性地检视他们所选的道路，因为那条道路的前方可能还会不断有岔路出现。**

第 4 章　心智债务的受害者

你真的了解你的孩子吗

在我的成长过程中，确实存在注意力不集中的问题，甚至严重到必须进行药物治疗的地步。但这个问题长期没得到关注，因为人们认为我属于高智商、有天赋的人。我想，假如我能及早认识到这个问题，在上学期间和转型期间，我可能会过得轻松点。我在学习上真的感到很吃力。如果有人告诉我这不是什么大问题，并告诉我他们能以何种方式帮助我——如果老师了解如何给我讲解问题——我想情况真的会有很大的改观。现在回想起来，我觉得这是我对学校缺乏兴趣的主要原因。

S.R. 27 岁

并非所有的债务都与金钱有关。学校和家庭中，我们误解并错误地对待了不计其数的发育中的心智问题。我们目光短浅的教育政策助长了一种错误认识——所有大脑都具有普遍的相似性，这导致了许多学生的智力被粗暴地对待。为了简化对教育机构的要求并降低短期费用，我们的政策、实践和法律错误地认为所有学习者都能以相似的方式取得成功，并为把同一标准强加给所有发育中的心智提供了借口。实际上，孩子们的心智是极其不同的。用相同的方法对待和教育他们意味着对他们的不平等。特别是对严重缺点的忽视会导致长期的心智债务，这种债务可能会在刚成年的岁月里导致失望和失败，也可能埋没很多孩子和成年人的潜能。年轻人的创造力、交往技能或非凡的才能可能会因为不常使用而逐渐衰退。被忽略的力量是心智债务的另一种形式。

如果一个人心智的长处和不足被误解，或者它的优势得不到适当的开发，它就有可能长期无法发挥正常的作用，导致成年初期不必要的失败。这一现象非常普遍。我们的文化必须克服要求孩子整齐划一地成长的错误认识。

了解孩子的心智特征

了解一个人的心智就是要知道它的具体优势、弱点（功能障碍）、偏好和特征。如果对这些明显的个体差异有准确的认识，就有可能给孩子的教育提供关键的指引,最后帮助他们选择成功、正确的生活方向。多年来,我一直寻求对"神经发展机能"的准确定义,这种机能使儿童和青少年具备学习的能力,并增强了他们在学术上和社会实践中的创造力。作为临床医师,我试图精确定位问题的所在,即所谓的神经发展机能障碍。这种机能障碍具体表现为:自我表达障碍、无法精确记忆、很难集中注意力、社交障碍、书写障碍等。

孩子上学时和成年人工作时一样,神经发育都达到了一定的程度。一个人也许拥有出色的语言能力、卓越的社交技能和良好的记忆能力,但对空间关系的感知能力却非常差。而他弟弟却跟他完全不同:语言反应迟钝、速度奇慢,但在空间关系方面却是个天才,是一个在社会上特立独行的人,同时又是一个极有可能健忘的人。在任何社区、教室或工作场所的人群中,几乎都能见到各种长处和弱点的无限组合。但大多数人是否明白自己的状况呢?父母对孩子的情况是否有足够的认识呢?老师是否认识到年轻人的状况并做到了因材施教呢?

许多父母和教育工作者确实对儿童的相对优势和弱点有所了解,但他们是否考虑到所有的重要方面呢?他们的了解是否足够完整呢?通常不是。如果对孩子的状况缺乏全面的了解,或者有误解,或者根本就不了解,孩子也许就会处于危险之中,并且可能积累起沉重的成长债务,并将它一直带入成年初期。

心智债务害处大

乔尔是一位相当优秀的运动员,他的父亲是华尔街一位证券交易商。他就读于一所有名的私立学校,并凭借极酷的外表、完美的装束和活泼的大男孩风格而受到同龄人的崇拜。但乔尔也有精神紧张的一面。他是个完美主义者,为自己定下了很高的期望值,很容易因为达不到自己制订的苛刻标准而沮丧。他是一个有很强竞争力的人,一位优秀的撑竿跳高选手,一名成功的曲棍球员和技术娴熟的二垒手。然而,他的学习却一团糟。他在数学、写作和各种测试中成绩极差,不过他的阅读能力相当不错。尽管他极力忍受学校的警告以及随之而来的父母和老师对他懒惰的齐声指责,他还是两次被纽约私立学校勒令退学,一次是在五年级的时候,一次是在七年级的时候,都是因为他考试成绩太差。

乔尔在九年级时被送到一所寄宿制学校。他在体育上仍然很出色,但学业

却毫无起色。他被迫接受了大量的课外辅导课，服用大剂量的药，但是仍然毫无改观。十一年级时，乔尔圣诞节放假回家，他宣布从此辍学。他已经受够了。有一次，乔尔把自己反锁在卧室里超过 36 个小时。他会偷偷地去厨房拿点吃的，偶尔使用一下卫生间，但不跟任何人说话。父母最后恳求他说出究竟是什么事情困扰着他，但他一直回答说"没什么"或"我不知道"。新学期开始时，他再也不愿意返回学校。实际上，他在家里待了 6 个月没出门。曾在他 9 岁时对他进行长达 6 个月治疗的儿童精神病医生到他家访问了 2 次之后，得出了一个并不令人吃惊的结论：乔尔患了严重的学校恐惧症。

乔尔现在 22 岁。他再也没回到学校，也从来不曾工作过。他每天服用大量的药物，整天除了阅读、看电视、听音乐，别的什么也不做。晚上，他经常像蝙蝠出洞一样，与那些和他关系密切的失业的朋友一道消失。乔尔在外边待到凌晨三四点，也许已经沾染上了毒品。偶尔，他也会拾起吉他，试着写点音乐。他跟医生的谈话，在他父母看来，似乎是毫无用处的干预、闲扯。

最近，给乔尔治疗的医师建议神经心理学家测试一下他的认知功能。以前的治疗重点总放在他的情感方面。出乎人们的意料，乔尔竟然同意做这个测试，条件是必须在他家里进行。心理学家同意了。测试结果令人震惊。乔尔有卓越的语言和空间认知才能，但存在严重的记忆功能障碍。特别是，他在归档和检索信息方面有困难，他的长期记忆有问题。这样就解释了为什么写作让他感到十分痛苦。在学校里，没什么课程比写作更需要记忆力了：你必须迅速地同时想起字母的写法、单词的拼写法、语法规则、标点符号规则、事实、观点和措辞，还要考虑很多其他细节问题。这就是很多有长期记忆功能障碍的人只要一提写作就痛苦不堪的原因。对记忆力要求比较高的还有数学，这也是乔尔薄弱的科目。使事情更糟糕的是，他的模式识别能力有问题。模式识别能使人在解决数学问题时识别出以前出现过的类似问题，并应用以前用过的方法解决新问题。模式识别也使人能够应付个人问题和压力。当你碰到新情况时，总会不自觉地应用相似的经验来解决。**没有智慧的积累，就没有处理压力的能力。**

对那些自暴自弃的年轻人来说，找到影响学习的具体原因，重新燃起希望是很有可能的。通常的情况是，这些人对自己的心智评价远比现实情况糟得多。儿童和少年经常在两者之间摇摆不定，要么认为自己一点问题也没有，要么高估了问题的严重性。我曾经收到一封在我们中心接受过评估的一个 14 岁女孩的信件。她跟失业的母亲住在一起。在信里她用勉强可以辨认的潦草字体写道："当妈妈说要带我去见您的时候，我生气极了，我告诉她我没有任何问题。但我内心却担心自己很多地方都有问题。然后当我到了您那里，我们做了那些测验，并且谈了很多很多。我现在认识到自己确实有一定的问题，但事情还没有糟糕到不可收拾的地步，我可以努力克服。真的非常感谢您！您的朋友：莱斯利。"

功能障碍不容忽视

被忽视的功能障碍会在刚成年时以一种令人毛骨悚然的方式再次出现。它们的具体表现方式取决于功能障碍的性质和严重程度，也取决于一个人所选择的职业道路和工作角色。表 4.1 中提供了一些暗藏的障碍的例子，以及对工作的长期的腐蚀性影响。通过思考表 4.1 列举的心智障碍，可以掌握一些基本原则。

心智债务管理原则

◆ 刚成年的年轻人应该对自己的神经发育状况有所了解，认识到自己的功能障碍及其可能对工作带来的冲击；

◆ 如果一个年轻人刚开始工作时遇到麻烦，或无法在工作早期取得成功，他可能欠下心智债务，即可能存在阻碍成功的隐性的功能障碍；

◆ 一个人可以选择受自身机能障碍影响最小的职业；（如因为精细运动能力较差，我就没有选择外科专业。）

◆ 可以在某一领域里选择涉及自身机能障碍最少的工作角色。如缺少流畅语言表达能力的年轻律师可以选择不去做出庭辩护的律师；

◆ 可以跟别人合作，取长补短。如数学能力较差的管道承包商可以与擅长做预算的数学能力较强的人合作；

◆ 人可能也有克服自身的机能障碍或技能缺陷的本能。虽然成功率并不确定，但只要有可能针对某项机能障碍，找到相应的技巧练习方法（就像进行脑部肌肉的锻炼似的），就一定能取得进步。然而我

们并不清楚人们的进步可以达到怎样的速度或程度，比如说语言能力、肌肉运动机能或写作技能。如果这些技能对成功是至关重要的，也许值得一试，特别是在没有前面所提到的原则可供选择的情况下。

表4.1　长期存在但被忽视的心智缺陷可能对工作产生的影响

心智缺陷	可能对工作和生活产生的影响
语言交际障碍	推销产品、观念和方案有困难；与人交际困难；理解指令（口头和书面）困难
精细运动或空间感较差	学习工作所需的手工技能的能力较差
组织能力欠缺	在管理时间、在规定期限内完成任务、分类管理材料、安排优先顺序、处理多重任务等方面有困难
生产控制机能紊乱（一般是由于脑前额叶功能受损引起的）	计划的制订和项目的实施有困难；工作质量监控较弱；缺乏长远眼光；作决定或反应冲动
过程控制机能紊乱	工作无法充分集中精力，细节处理能力较弱，长期厌倦工作的情绪
抽象思维能力低下	无法充分理解重要概念；思考问题过于具体、僵化
社交能力低下	与同事关系不融洽；工作中待人接物过于幼稚
记忆力限制	工作中新技能掌握较慢；完成多分支任务比较困难（使用活动性工作记忆）
速度问题	完成任务的速度往往很慢，经常落后于他人
学习能力低下	阅读、写作或算术技能无法满足正常工作需要

不要随便给孩子贴标签

近几十年来，许多临床医生简化了人与人之间的差别。一般来说，如果孩子的行为和学习模式与预先设定的典型模式不同，孩子就会被教条化地归为"另类"，这暗示着孩子明显不正常。临床医生、教育工作者和许多父母热衷于给与众不同的孩子贴上标签。"多动症"、"学习障碍"、"艾斯伯格综合征"（Asperger's Syndrome。一种自闭症，患这一综合征的儿童在社交和沟通上存在障碍，但他们的智力和正常人一样，有的甚至超出正常人。——译者注）以及其他五花八门的标签层出不穷。这些标签根本没有考虑年轻人心智的发展潜力，而是暗示贴着同一标签的人基本上是一样的。实际上，同一类别的人之间也存在巨大的差异。同时，这些标签过于消极，暗藏危害，有明显的歧视倾向，因为它们往往暗示着凡是那些贴有非常规标签的人长时间以来一直表现不正常，因此其未来的生活也必然是不正常的。

父母们往往急于给孩子找个合适的标签贴上，而忽视了正在成长中的孩子真正的内心世界。特别是轻率地滥用"多动症"，这在更大程度上起了误导的作用，掩盖了真正存在的问题。

亨利来自单亲家庭，妈妈是放射学技术员。亨利一直是个后进生，他很晚才学会阅读，写字和拼写也不怎么样。数学是他的强项，通常能接近同年级水平。老师经常说，"如果亨利能集中精力做事，他就会成为优等生。"亨利漫无目的地游荡，使老师、父母和儿科专家都认为他患了"多动症"。上中学时，亨利的学习成绩越来越差，八年级的时候差点留级。他迷上了滑板，而且是一群朋友中的领头人物。妈妈认为他糟糕的成绩摧垮了他的自信，在他的男子汉外表下，她看到了痛苦和焦虑。她咨询了心理医生，开始让亨利长期服用抗抑郁药。

在随后的几年里，亨利不断服用各种不同的"药物鸡尾酒"，而药物的疗效却总是不明显。亨利的学习成绩不断下降。高中时，他的做事效率越来越低，以全班最差成绩勉强毕业。他上了一所社区学院，学习电影和电视制作。他很喜欢实践性的工作，但在阅读、记录和考试等方面却都有很大的困难。因为多动症和抑郁症，他不断地服用药物。

亨利最终没能读完大学。因为需要钱，他在一个朋友的父亲经营的一家电子商店里做销售工作。这个机会就像是一个美好的祝福。亨利在大学时就很喜欢实践性的高科技课程，总喜欢摆弄他的 CD 播放机和其他设备。他表现出了比以往任何时候都认真的态度来对待自己的工作。他对自己销售的产品真正感兴趣，也喜欢与人交往，这份工

作似乎是为他量身定制的。但6个月后，亨利被解雇了。尽管曾受到多次警告，他还是误导了顾客，他错误地理解了产品的关键性能，尽管这些细节在每周的员工培训和简报会上被一再强调。他也按照要求把使用手册拿回家阅读，对产品有了大致的了解后，他认为不需要理解细节也可以应付。他经常曲解顾客的要求，管理层认定他的无能损害了商店的商业利益。亨利的销售记录远远低于他的同事。在接下来的3年里，他又换了好几份工作，都是电器和电子产品销售行业的。所有的工作最后都以失败收场。

在查看了他的作业样本和老师的评语后，我有机会把亨利的成长片段组合起来。很显然，小时候他在以一定速度和精确度处理不断输入的语言方面有困难，而这也是完成学校功课和成为成功推销员所必须的基本技能。在他很小时，亨利就表现出和其他有语言问题的学生一样的反应：他把自己与外界隔绝，变得不安与烦躁；老师讲话时，他就走神；像许多其他语言能力发展不充分的孩子一样，亨利在阅读理解和拼写方面都一直存在问题。而成年人却继续纠缠于他的注意力缺乏和他的焦虑，这两者其实只是严重的语言处理问题所衍生的并发症。他从未接受过能够改进他的语言理解力方面的帮助，因此在他的成长过程中，他总是不断告诉他所遇见的每一个人："我有多动症。"亨利不懂得如何利用他的巧手，如修理光盘播放机和操作摄像机，却做起了销售工作，这种工作要求他具有敏锐的语言输入和输出技能，以及娴熟的阅读技巧。通常，滥用"多动症"这类标签，可能会使人们无法看到孩子或他们自身更深刻的内心世界。给孩子贴上标签就好像把孩子放入保险箱一样。亨利在刚成年的岁月里，不得不背负着自己并不理解的沉重的语言债务，艰苦地探索。

当孩子们苦苦挣扎时，他们有权利也有必要确切地了解自己的问题出在哪，他们能采取什么补救措施。为了消除问题的神秘感，我们可以这样说："莱斯利，现在你在两个方面比较薄弱，你需要多花点工夫。经过你的努力，问题会解决的。"这样的解释能培养孩子的乐观精神和增强动力。由于对自己缺乏清醒的认识，像乔尔和亨利这样的人也许会朝最坏的方面想，并最终放弃所有的希望。

克服人际交往中的障碍

成长过程中的欠债并非仅仅表现为学业上的落后。学校和职场等现实世界要求有高水平的社会交往技能，而有些孩子在人际交往中的表现根本不及格。他们缺乏与同龄人交往以及偶尔与成年人交往时正确处理事情、举止、谈话所需的一些具体的能力。同学们也许会排斥他们，他们中的一些人甚至被人欺负，有些人变得孤僻和害羞，有些人则表现出敌对情绪。如果他们因社交方式不恰当而被忽略了，进入成人世界时，他们就可能缺乏赢得同事和上级尊重所需的行为准则和交往技能。他们负担着严重的心智债务，并且在工作中处境艰难。

在有社交障碍的人当中，有些人可能无法以积极的方式与别人进行口头沟通，另外一些人则缺乏建立联系和维护交往所需的重要的非语言技能。非语言技能包括解读社会性反馈，在不侵犯他人空间的前提下穿越特定空间，以社会上可接受的行为准则行事和压制敌视的倾向等。患有社会交往功能障碍的人，如果进入以高级互动为核心的职业领域，就会变得特别脆弱。

"不劳而获"要不得

有些学生只需稍作努力就可以完成学业。正如一位母亲这样评论道："纳撒尼尔没有真正付出多少努力就取得了好成绩。他从来就不是那种有雄心、有动力的人，但是如果只看他的成绩单，你是不会知道的。不管怎么说，这个孩子几乎毫不费力就取得了良好的成绩。他考试总能考得很好，他似乎天生如此。我当然不能因此批评他，因为他并没有做错什么。但我可以肯定他从教育中所学到的东西确实缺少了点儿什么。"

我想我知道他缺少了什么。纳撒尼尔没有学会如何激励自己的思维以及如何把精力投入到脑力劳动中去。在他初入职场的岁月里，这会使他处于各种痛苦折磨的危险中。他未能获取工作中所需的恒心、毅力以及参与长时间工作的能力。他能够凭着本能和直觉在学校里立于不败之地，并把不错的成绩单拿回家。但这在工作场合是否同样奏效呢？他能否不用经过真正的努力就能在业务上成功？只有时间能告诉我们答案。但缺乏良好的工作习惯、正常的工作节

奏和类似职业道德之类的东西就贸然参加工作，是很冒险的。对许多初入职场的人来说，缺乏工作能力是代价昂贵的成长债务。他们幻想并且期待不用艰苦工作就能出类拔萃。因为从前无须努力就能成功，所以他们在攀登事业阶梯时，别人就很难说服他们去付出艰辛的努力。有些孩子只有到了 22 岁或 26 岁四处碰壁以后，才会意识到职场上没有"不劳而获"这一说！

重视遗传特征

一个人重要的和持久的遗传特征，尽管对他的未来有强大的影响，但仍然可能被忽视。在儿科领域，人们对气质类型、行为模式有着浓厚的兴趣，这些特征在幼儿时期就能观察到，而且会在相当长的时期内保持稳定。威廉·凯里博士和他的同事把有些孩子描述为孤僻和胆怯，而另一些孩子则反应迟缓，还有一些则一贯地过于活跃、要求过多。这些特征好像人们内在的一部分。胆怯、群居、利他主义、同情心和鲁莽也许是形成发展中的个性的基本组成部分。在同一个家庭里也可能会出现差异巨大的遗传特征。如果你说"我对那个孩子了如指掌"，这句话的部分含义是你能描述他一贯的遗传特征。随着时间的流逝，这些特征会对娱乐活动、研究专业和最终的择业有着巨大的潜在影响。"永不知足"，这种某些人终身具有的特征，可以用来说明被忽视的特征所造成的后果。作为一名临床医师，我遇到的很多患者长期患有"永不知足症"(Insatiability)，他们的病史可以追溯到生命中的头几个月。他们表现出下列一种或多种倾向：

◆ 频繁、极端的烦躁不安

◆ 经常感觉很无聊

◆ 不厌其烦地追求对高度刺激的体验

◆ 很难延迟满足

◆ 冒险行为（特别是在青少年时期）

◆ 极端的物质占有欲

◆ "唯恐天下不乱"的挑衅行为

◆ 在缺乏刺激的环境中（如教室）表现较差

"永不知足症"是相当普遍的，它给父母、兄弟姐妹、教育工作者、司法系统，当然也包括患者自己，增添了无数的麻烦。像许多其他人类遗传特征一样，"永不知足症"是一把双刃剑。它可以转化为成年人生活中的志向和动力。实际上，在一些极为成功的企业家和自学成才的人当中，"永不知足"是一个反复出现的主题。与此同时，这个特征也会带来很多自毁的行为。但"永不知足症"很少被人发现并给予相应的处理。

　　沃克是家里的第三个儿子，父母分别是房屋油漆工和幼儿园老师。他妈妈经常把他描述成"世界上最让人费心的小孩"。他不断地哭泣，经常感到饥肠辘辘，喂他东西也无法抚平他的焦躁不安。两三岁时，他一刻不停地哭哭啼啼，不断地要东西。上小学时，一位小学老师称他为"捣蛋鬼"。沃克明显表现出对安静气氛的厌恶。他经常受到告诫和惩罚，父母不断收到学校寄来的儿子粗暴违反校纪的最新报告，他们对此已经变得麻木不仁。但沃克的所有老师都无一例外地把他描述成"一个非常可爱的孩子"，他丝毫没有敌意，也从不故意伤害人。然而，他的善意却从未阻止他乱丢不会伤人的湿纸团，发射纸导弹，在严肃的课堂讨论期间说出毫不相关的话，或在食堂排队时在同学面前像袋鼠那样跳来跳去。他的言行激起了他人的愤怒，而他似乎引以为荣。

　　沃克小学时总能把不错的成绩单带回家——毫无疑问，这要归功于他的整体智力水平和出色的语言能力。但到了十几岁时，他的学习成绩急剧下滑，他的挑衅行为越来越激化了。他加入了一个反社会的少年团体，很快就到大街上去混，几乎抛弃了他的家庭，开始酗酒并使用毒品。最终，他接受了康复治疗，并设法拿到了一个高中同等学历。他换了无数次工作：卖乙烯基墙板，当豪华轿车的司机，给糕点师当学徒。每份工作他都是做一段时间就感觉越来越无聊，越来越躁动不安。他"三天打鱼，两天晒网"，最终丢了饭碗。不管他手头做着什么，心里似乎总是梦想着做自己想做的事情，他的永不知足感就会越来越强烈。他与女朋友的浪漫关系总是轰轰烈烈而又昙花一现。他的生活漫无目标。

沃克在他的成长过程中从未听过"永不知足症"这个词。如果能及早揭开问题的神秘面纱，就可以为他制订不以自毁的方式就能满足他的胃口的策略，比如，可以给他安排刺激性的娱乐活动作为宣泄，可以搜集各种各样的东西（如石子、卡片、火箭模型等），要不断地提醒他要对自己的胃口（欲望）设限，并坚持进行延迟满足的训练。沃克的生活虽然是个极端的例子，但跟他相似的情况却是相当普遍的。初入职场的贪心人不断地外出购物，热衷于猎奇，渴望更多的极度兴奋和刺激，根本无法让自己执著于稳定的目标或意图。

相信我们会看到越来越多不知满足的孩子和成人，这是因为我们所处的文化环境给孩子提供了越来越多的、使他们可以即时满足的服务，滋长了他们不知足的本性。当今的孩子不管想要什么，可能都不需要等待太长时间。电视剧情在几分钟后就会揭晓，电子游戏提供了快速开火过程中的满足感，甚至食物也是快餐式的。即使在欣赏当代流行音乐的旋律时，你也不需要有多少耐心和毅力，因为它们总是简短而重复的！

"永不知足症"主要有 3 个基本形式：物质的（不断地索要东西，得不到所要的东西便无法正常工作）、经验的（对强烈刺激有迫切的需求——沃克的情况）和社交的（对社会交际的无尽的渴望）。

多数女孩和部分男孩也许有不太引人注目的不知足表现。迪安娜就是这样的孩子。她擅长体育，学习成绩也不错，但她在学校里感到无聊、焦躁不安。高中时，她成为一位体操明星，但在达到荣誉之巅时却离开了体操队。接着，在曲棍球和英式足球领域，她走上了同样的道路。十年级时，她当选为班长，展示了足智多谋和勇于创新的领导才能，然后她发誓再也不会竞选任何职位了。同一年，她在专门为优等生开设的高级英语课上极为罕见地拿到了"优"，但她却声称这门课"极其无聊"，因而拒绝选修任何高级课程。她不断地涉足一些活动，取得良好成绩，既而又厌倦这些活动。迪安娜无法维持长久的关系，但她似乎很有爱心。她交往的人就像她收集的贝壳一样多。有时她似乎利用朋友来获得强烈的生活体验，如乘坐狂飙的汽车或饮酒狂欢。她取得了优异的SAT成绩，被一所顶尖大学录取。大学的头 2 年，每学期她都位居优秀学生的行列——尽管她对女生联谊会的事情远比学业更感兴趣，花的精力也更多，但是她无法选择一个可以集中精力的领域，似乎任何事情都没有足够的刺激让她持久做下去。

在没有预先通知的情况下，她从大学休学，从此告别了校园。

如今，迪安娜在一家高级旅馆里做招待，经常感到无聊、躁动不安。唯一能让她开心的事情是作计划，然后跟朋友一起度过非同寻常的假期，或者下班后跟一帮朋友一起狂欢。最近，她跟随一位大师寻求所谓的"最高精神境界"。她痴迷于他的智慧，坚信等她找到最终真理，即生活的真谛时，生活中的一切就会好起来。她经常漫无目的地探寻精神寄托。只要一想到更多的学校教育或办公桌上平稳的工作，她就难受。25 岁时，她告诉烦恼、困惑的父母，她的生活就像在漆黑的夜晚驾驶一辆没有车灯的十八轮车。当然，她必须承认她自己也暗自喜欢那种不知路在何方时的冒险与兴奋的感觉。最近，迪安娜累积了相当多的金钱债务，因为她从来都无法抵御购物的诱惑。大把大把花钱已经成为她满足自己的"不知足感"的一种不自觉的方式。时至今日，她已错过了控制"永不知足症"的良机。

未得到开发的潜力和爱好

未受重视的能力可能阻碍一个人的发展。设想一下，如果一个人不知道自己口袋里有多少钱，他就无法付账单。每个孩子都有极为珍贵的能力和潜力，但如果从未得到充分发展，该怎么办呢？如果儿童天生的兴趣强项被抑制或被成人世界认为毫无价值，又会怎样呢？结果可能是，这个年轻人不得不延迟进入成年生活。

在每所公立学校的学生中都能找到这样的例子。有些学生有语言困难，却被老师训斥着努力达到熟练的理解力、准确的拼写和得体的措辞。他们当中的很多人在非语言能力方面是有天赋的。他们天生具有犀利的视觉感知能力，能够在表面看来混乱的空间关系中找到秩序。他们也许是娴熟的艺术家或灵巧的手工艺者，或许他们精通建筑，并能动手修理小物件和工具。他们的学习成绩在学校里通常是黯然无光的，有些人还不及格。太多的人对自己彻底绝望了，但多数学生被剥夺了充分发展他们超强的空间思维能力的机会。当他们步入成年的时候，他们中的相当一部分人已经辍学，失去了前进的动力，降低了他们的志向，有些人甚至把自己禁闭起来。这种情况是完全可以预防的。学校必须

了解所有学生的神经发展状况，保证每个人都有机会发挥他的专长并因此而自豪。当前，我们似乎离这个目标越来越远了。

随着孩子的成长，我们也需要非常认真地考虑他们不断显露的个人兴趣，我称之为"兴趣动力"——兴趣产生动力。在父母养育和教育孩子的过程中，一个主要内容就是要正面肯定并支持孩子长久以来对某一特殊事物所表现出来的强烈兴趣，无论是小卡车、猫、水鸟、服装设计，还是戏剧。爱好应该发展成为充满激情的技术专长。在一个人迈向成年的过程中，爱好可以提供一种归属感和方向感。爱好也可以提高某些技能，例如，学会读写的最佳方式是就你有所了解并十分关心的事情进行读写。

儿童的兴趣火焰经常被熄灭或被忽视，特别是当儿童的爱好与其父母的口味或价值观存在严重分歧时。但父母不可能设定儿童的爱好，他们需要正面回应孩子的表现。

偿还心智债务

偿还心智债务的代价是昂贵的。我们的社会要以失业救济金、精神健康服务、成人教养设施和人力等形式在这一方面投入巨额的资金。这些费用以物质的形式来偿还心智债务。很多需要巨资支持的成年人无法很好适应环境，因为他们无法很好地应付自己的功能障碍或积极地利用个人优势。他们可能无法克服自己的弱点，也不知道有何补救措施或避开自身弱点的方法。他们也许无法看到自己的力量带来的希望，也不知道如何在工作中发挥自己的长处。

所有的心智债务都是能够偿还的。也就是说，他们自身有足够的资源战胜刚开始工作时所面临的挑战，至少有一半的斗争能够取胜。**如果我们能充分地了解儿童或青少年的真实状况，与他们一起探寻初入职场以及随后的日子里，凭借他们自身独特的心智寻找最有可能成功的方式，他们就可以踏踏实实地生活，并对自己的成长感到满意。**

第二部分　英才这样炼成

——成长四部曲

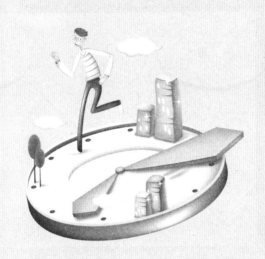

　　装备创造性思维、头脑风暴法等基础性工具有没有最佳时期呢？尽管孩子自接受教育开始到成人期一直都在使用这些工具，但有证据表明，11 岁~ 20 岁才是装备这些工具的最佳时期。这个年龄段的人，其大脑的结构和功能正趋于成熟，这就意味着此时装备这些工具时机最佳。

成长过程中的 4I

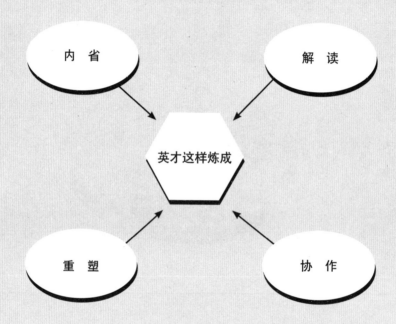

第5章 装备自己，迎接挑战

成功就在转角处

如果你碰巧属于很小的时候就知道自己长大以后想干什么的少数幸运者，那你就可以早点积累这方面的经验，学些与将来的职业有关的课程，培养相应的兴趣，了解未来的工作，这将对你大有裨益。然而，在16岁～20岁这一年龄段的人群中，能这样做的人还不到1%。

D.M. 29岁

令人欣慰的是，在初入职场的几年里，有良好开端的人并不少见。他们成功地实现了从学校到职场的角色转变。了解他们怎样顺利地实现这一转变，对改变那些就业准备不足的年轻人的命运是很有价值的。

从学校到职场的顺利过渡

从心理上准备好了做成年人，并不能保证人生的几十年都一帆风顺。在初入职场的几年里(包括以后的职业生涯中)，许多人多次更换工作，调整职业方向，有些人甚至改变了基本的自我定位。这些转变并不都是坏事。事实上，只要这些重要的转变能够帮助人们了解自己，就是有益的，对人生有所帮助的。人们放弃某个工作，并不是执意要否定过去。这是一个学习的过程，能够为他的人生增添乐趣和色彩。此外，当工作结果总是不如人意，或者每一次跳槽都感觉像逃离监禁一样，那就肯定有问题了。**当一些人在自己不能胜任的职位上感到无助而又不能进行必要的工作调整，或不小心从事了一份自己认为没有前途的工作时，他们在初入职场的几年里同样会感到很失败。**

那么，不管你在刚成年的几年里始终朝一个方向努力，还是不断调整方向，怎样做才能在事业开始时获得成功呢？我们来看看值得赞扬的本尼是怎样启动他的职业生涯的。

本尼天生就是个踏实肯干的人。他在学校里像工蚁一样勤奋学习，尽力让他的父母满意。每当他考试考得不错时，他的父母就会给他很多赞扬，为他欢欣鼓舞。本尼不擅言辞，因此不是最抢眼的学生。但是在整个童年时代，他都是个勤恳、开朗的孩子，做事情喜欢全力以赴。他在阅读和拼写方面一直都有一些问题（他在掌握发音方面有问题，在学习词汇方面有一些困难），但在数学上却很有天赋。在英语、历史或其他需要文字理解的科目上遇到困难时，他都愿意寻求帮助。他知道如何让老师喜欢并支持他，他喜欢跟成年人在一起，在大人中很有人缘。本尼有一大帮朋友，他能够很好地把握交友的分寸，但他也同样喜欢独处。

本尼还是位才华横溢的漫画作者，11 岁时就开始创作科幻连环漫画。他对体育运动不是很热心，却是个很好的运动员。更引人注目的是，他能修理屋子内外任何发生故障的东西，他有着出色的空间感，对机械很在行。本尼的爸爸是一名汽车修理工，他尽量满足儿子的兴趣，在阿拉巴马州乡下的加宽型移动板房的家中贴满了本尼的漫画。周末，父子俩会兴致勃勃地一起摆弄本尼爸爸正在翻修的一辆破车。

本尼的父母很支持他，对他从不失望，他们不断激发他对艺术和机械装置的兴趣。尽管生活拮据，许多年来他们一直坚持为本尼报名参加周末艺术课程。本尼 14 岁时就开始在放学后打零工，主要做一些与建筑相关的工作，部分原因是由于他父母的坚持。为了买一辆小型货运卡车，他把大部分工资存起来。本尼的叔叔伯特是一位非常成功的承包商，拥有一辆 375 马力四轮驱动涡轮大型货车，还没有成家。他非常照顾本尼，本尼也一直很尊敬他。于是本尼就跟着他的叔叔在建筑工地上班。当本尼看到建筑物拔地而起时，他惊呆了。本尼的父亲经常告诉伯特敦促他儿子努力工作，并一直坚信，不能让孩子以为生活的一切都能轻而易举地得到。

本尼没上大学，而是去学习了管道铺设方面的课程，并且一次性地通过了他所在州的资格考试。现在，本尼 23 岁了，他成功了。拒绝了伯特叔叔提供的工作机会之后，本尼自己开了一家独立的管道公司，并雇了 3 个人，专门铺设商业性建筑管道。他的阅读和拼写能力还是很差，但这并不妨碍他在新建的办公楼里安装成本最优化的管道。上学的时候，本尼的阅读、写作和数学等主要课程的成

绩都不怎么好，然而他学到了关键的"软技能"。他决策果断，能有效地与人合作；他工作努力，是位真正的领袖。他可能很难通过现在许多州的毕业考试，但是他成功了。本尼喜欢思考未来，是位梦想家。父母非常爱他，但是对他很严格。本尼年轻时的幻想和抱负现在已经变成了现实。他仍然喜欢在周末画漫画，并将很快和高中时的心上人结婚。他为成年生活做了极为充足的准备。

本尼一生做了很多正确的事情，他的父母和老师也这样认为。他们了解他的优势和劣势，确信他天生的弱点不会影响他的自尊和动力。他们培养他，鼓励他发挥他的优势和热情，增强他的工作能力，为他加油，而本尼自己也非常珍惜每一次让他们喝彩的机会。本尼应变能力很强，他知道自己有学习障碍，但他能坦然面对它们。在寻求帮助时，他不会害羞，反而很机智。尽管他有很多朋友，他也擅长体育，但他从不为这些事过度分心。还是孩子的时候，他就不断探索自己的未来，和成人世界建立起许多积极的联系。

早准备，早选择，早成功

决定如何度过你的一生，就好像拼各种奇形怪状的拼图一样。首先，一个人要有作决定的决心。我以前认识一些放弃作决定的年轻人，他们想随波逐流，期待从各种休闲活动中体会到足够的快乐和满足。男人们渴望的生活或许就是打打高尔夫球，在周日的下午看看足球赛，工作之余出去喝几杯，享受快乐的婚姻生活。女人们每天想的可能就是交一群知心朋友，生个漂亮可爱的宝宝，有个温暖的家，攒足钱将来好送孩子上大学。

有时这些人也期待能在现有的人才市场上找份工作。他们需要充裕的钱维持生计，也需要有一个体面的家庭。对于财富、权力以及名望，他们没有过多要求。每次我问那些处于青春期的患者（并非随机抽样调查，因为他们在学校的表现都较差）："你有理想吗？"许多人几乎是自豪地回答说他们没有。

如果他们真的如此认为，那么他们就是把希望寄托于机会主义而不是有计划的职业发展。另外一些人觉得，他们需要更多的时间来考虑自己未来的方向。也许他们把初入职场的几年看做人生旅途的一个驿站，在他们感到困惑时，可以反省并支撑自己。那些对职业生涯毫无准备的人就在这个阶段徘徊不前。

当你决定投身于一项事业或者决定从事某种特定工作时，就得让自己慢慢熟悉实际的工作，这是一个复杂的过程。有些孩子在很小的时候就开始了这样的过程，而另外一些孩子则从来都没有经历过。我在 8 岁的时候，就决定将来要成为一名内科医生，而在那之前的两年里，我一直想当一名兽医。促使自己尽早决定职业方向有好处，也有弊端。如果在年幼的时候，你就下定决心从事某项工作，很难设想你还会对其他事情感兴趣，实际上，你已失去了选择的自由。而另一方面，如果你在 9 岁的时候就知道 39 岁时的自己在做什么，多多少少会让人能感觉轻松一点。

清楚自己的喜好

人们应该追求自己热爱的东西，这么说可能有点老生常谈。这说起来容易，做起来难，因为不是所有人都清楚地了解自己的兴趣。我知道很多十几岁的孩子，他们每隔 5 天就会有新的兴趣，而有些人 5 年里也没什么明确的兴趣。

坡·布朗森在他的《我应该如何生活》(What Should I Do with My Life) 一书中这样写道："真正应当寻找的是你认为有价值的东西。当你全身心投入的时候，不可避免的头痛和每天的烦恼都可以容忍，并且不会改变你的信念。按照你的意愿去行动吧！"换句话说，拥有一份能促使你采取行动的职业是大有裨益的。

弄清楚自己喜欢什么和对什么有感觉并非总是那样轻而易举的。某些热情和动机比另外一些更加明显。我曾鼓励许多孩子回忆他们过去的生活，寻找那些经常出现的主题或模式。比如："从我记事起，我就喜欢动物"，"进行户外活动时，我最高兴了"，"我一直残酷地对待动物"，"我曾经是其他孩子遇到困难时的救星"，"从很小的时候开始，我就总是不自觉地在观众面前表演，我生来就是一个爱炫耀的人。我能够吸引所有人的注意力"。

工作的价值

找到符合热情和愿望的工作只是万里长征的第一步。职业教育和心理学方

面的学者研究了他们所谓的"工作价值",即人们希望从他的工作中得到的东西。表 5.1 是一些最常被提及的工作价值。

从青春期或更早的时候开始,孩子就可以浏览类似的清单,比如在事业或工作中什么比较重要以及它们的优先次序如何。

分析工作价值能够帮助年轻人了解工作的关键方面,即如何在特定领域里规划职业生涯。如果你决定学习药剂学,你可以自己开家药店,在制药厂测试抗生素,在沃尔玛卖药,讲授药剂学,或者再读个工商管理学硕士学位,然后在辉瑞制药或默克公司一步步往上爬。正如我前面提到的,当你还是孩子时,和工作中的成年人相比,你能够同时学习和追求更多领域内的事情。但作为成年人,你也能按时间顺序一件件地做很多事情。例如,在一开始,你可以讲授药剂学,然后买个药店,接着再卖掉,在上班的同时参加晚间高级管理人员工商管理课程,最后管理一家大型制药公司的抗抑郁病部门。

表 5.1　最常被提及的工作价值

形　象	发展的潜力
	在工作中获得尊敬的机会
	有机会做一些能够带来威望的事情
独　立	能够赚很多钱
	能够自己做主
	能够自由支配时间
工作质量	做自己感兴趣的工作
	充分利用自己的技能
	看到自己的努力开花结果
	做一份不会过时的工作
	不断学习新东西
	具有创造性
拓　展	寻找服务别人、使自己成为有用之人的机会
	做有意义的事情的机会
	教育、培训别人的机会

社　交	结交新朋友的机会
	见识很多人
	竞争的机会
工作量和工作风格	不需要付出太多努力的工作
	有机会在家里做大量工作
	能让我废寝忘食的工作
	有充分旅游机会的工作
	不需要按规定时间上下班的工作

　　青少年需要认识职业发展上的顺序性，这可以让他们更加确信他们原来对事业框架的认识只是一个开始，也能够帮助他们消除对事业摇摆不定的毁灭性影响。我想起了博，他看上去并不是个合格的学生，所有的业余时间都用来在北卡罗来纳州的一个马场帮助训练马匹。他的父母都是大学教授，一个教历史学，一个教社会学，在当地社区都很有名望，他的母亲在学校董事会工作了好几个任期。确实有这样的情况，这些从来没有拿过马鞭、铲过粪的知识分子，和他们的儿子一点都不像有亲子关系。虽然有点讽刺意味，但不能归咎于任何人。他的父亲曾经将这看做一种返祖现象，博像是典型的 18 世纪或 19 世纪的农场男孩。他只想在农场或牧场工作，但他也喜欢在高档餐厅吃饭。他有点矛盾地对我说："你知道，列文博士，我最喜欢和马打交道，但我不想一辈子都打扫马厩。"我让他相信，他能够并且应当追求理想，但不需要将一生都用来从靴子上刮掉马粪。人生就是一个成长、变化和调整的过程。

职业生涯的不同阶段

　　职业生涯的轨迹可以划分为 6 个不同的阶段，应当在职业生涯开始之前就仔细思考这些阶段。这些阶段普遍存在于所有的职业过程中。孩子们需要了解和认真思考前 4 个阶段。只有清楚认识到这些阶段在职业过程中如何展开，他们才能够得到锻炼。

表 5.2　职业生涯的 6 个阶段

第一阶段：预备阶段	第二阶段：启动阶段
第三阶段：上升阶段	第四阶段：鼎盛阶段
第五阶段：衰落阶段	第六阶段：退休阶段

对于前 4 个阶段，应当提出 3 个问题：我需要怎么做？过程是怎样的？我是否有能力做到？（第五阶段和第六阶段对我们中的很多人也很重要，但是跟初入职场的年轻人没有密切关系。）

第一阶段：预备阶段

很久以前，当我还是布朗大学一名易受外界影响的医学预科生时，几位科学讲师慎重地提醒我："如果你不学好有机化学，你就不可能成为内科医师。因为你不可能通过医学院考试，或者即使你通过了医学院的考试，你也会讨厌医学。"而实际情况是，我的确不喜欢有机化学，但我非常喜欢内科医生的工作。我很庆幸当时没有理会他们错误的预言。我记得几个同学，他们可能会成为优秀的、富有同情心的医生，但由于这些不负责任的警告，他们退出了医学预科班。作出这些错误判断的、目光短浅的学者，没有理解职业生涯的各个阶段及其作用。谁说必须在基础训练中找到乐趣，才能成为一名勇敢的职业斗士？

即将开始职业生涯的青春期少年需要对预备阶段有一个非常明确的认识。他们应当直接观察这个过程，了解、讨论并思考这个过程。毕竟，好的开始是成功的一半。但对于特定的职业，可能并不是这样。如果一个学生渴望成为精神病学家，他是否应当仅仅因为不能忍受大学生物实验室里那些无聊的下午时光就放弃她的计划？如果一个 19 岁的孩子仅仅因为可能通不过卡车驾驶员训练程序，就放弃驾驶十八轮车在乡间驰骋的梦想，那又该如何呢？可悲的是，这类宿命论的思维方式一直存在。

年轻人对于第一阶段经常有一些不祥的预感并因此忧心忡忡，害怕可能出现的失败。成年人应当鼓励他们，帮助他们认识到，与整个职业生涯相比，第一阶段只是很短暂的过程。这个阶段的过程界限也许不是那么泾渭分明，应当把它看做一个启动仪式，或者"职业新兵训练营"。

第二阶段：启动阶段

启动阶段是本书的重点，在此之前发生的所有事情都汇总到这一阶段。优势和劣势、教育背景、积累的知识、迸发的热情、技能培养和观察力所带来的好处，都在这个转折时期汇聚到一处。这个时候，不管意识到没有，初入职场的年轻人都要经历对职业生涯准备状况的严格测试。

那些职业生涯有良好开端的年轻人，对如何获得成功、如何给上级留下深刻印象、如何不断前进并从工作中寻找到乐趣，都有着非常清楚的了解。有人说，很多成功的中学生胜过他人是因为他们掌握了"隐性课程"。他们能够从心理上击败老师，知道如何赢得老师的尊重并拿到好成绩。毫无疑问，每份工作和在学校里学习一样，都有"隐性课程"，即关于如何成功的不成文规则。

成功开始职业生涯的人工作努力，人际关系良好，表现主动，能够一开始就把握住团队的各种规则，对从事的工作流露出热情。无论领导还是普通员工，都喜欢和他们一起工作。当然，这些人看上去非常适合他们所做的工作。他们在正确的时间、正确的地点做正确的事情。

第二阶段还需要作一些自我调整。事业的回报可能来得比较慢，而你做事情的速度是有限的。我遇到越来越多的孩子，他们想完全跳过前3个阶段，直接到达职业生涯的鼎盛阶段。他们不愿意从底层做起，一步一步向上发展。他们有雄心壮志，也很自以为是。在21岁时，他们可能拒绝一些工作机会，因为那些工作看上去比较琐碎，即使一段时间后那个工作机构能够给他们提供好的发展机会。他们可能不知道如果换个角度，从下往上看，就能全面了解一件事情。也许这是因为他们属于习惯即时行乐的一代，或者是因为他们按照那些高起点的偶像们的经历来培养自己，比如有美元图案文身、光芒四射的21岁摇滚歌星，或23岁就拥有百万家产的球场中卫。在20世纪90年代的网络狂潮中，许多几乎没有任何商业经验的年轻人创立了自己的公司，

结果大多数都失败了。比尔·盖茨的例子不容易被复制。当然，白手起家是典型的美国梦。

在《懒惰的神话》中，我讲述了一个真实的故事——一个叫比尔·夏洛特的摄像师的故事。当年，我在创建一个利用波士顿公共电视台 (WGBH) 学习用的视频图书馆时，曾和他一起工作过。比尔小时候一直很喜欢电视。他很早就离开了学校，去一家鞋店工作，但他很不满意这份工作，因为他一直梦想成为一名电视摄像师，特别是公共电视台的摄像师。于是他学了一些课程，并如愿以偿地获得了职业资格。

然而，当时所有的电视台都没有空缺的摄像师职位。在沮丧中，比尔继续摆弄鞋盒子卖鞋。直到有一天，一个朋友给他看了《波士顿环球报》(*Boston Globe*) 上的一则分类广告，广告说波士顿公共电视台正在雇人到收发室工作。比尔申请并得到了这份底层的、低薪的工作，然后成了公司有史以来工作最认真、最有魅力、最机智的收发室工作人员。

大约 6 个月后，波士顿公共电视台有一个摄像师职位空缺，最受大家喜爱的比尔成功地申请到了这个职位。若干年后的今天，他已经成为美国最成功和最受尊敬的纪录片摄像师之一。比尔愿意从底层做起，他能延迟满足感，做好准备来忍受第二阶段的艰辛。

第三阶段：上升阶段

许多初入职场的年轻人会考虑，在未来的事业上升阶段，生活会是什么样子？会不会无聊得发狂？是不是只能日复一日地埋头苦干，处理同样单调的日常事务？一旦熟悉了自己的工作，是不是所有的乐趣就消失了？会不会一直待在办公室或卡车驾驶室里？会不会在不如自己聪明或者能力不及自己的人手下工作？会不会一直都得不到重视或得不到应得的工资？会不会因为性别、宗教、种族或形体受歧视？对这些事情感到焦虑是很正常的。中年危机非常普遍。在漫长的事业上升阶段，人们的确开始明白很多事情，那时可能会感到筋疲力尽或者感情受到伤害。谁知道呢？那可能是一种正常现象，一个很好的标志，可能预示着到了应该有所改变的时候了。

青少年和初入职场的年轻人必须知道，10 年或 15 年之后，任何工作或职业都会变得有点无趣，但那并不是世界末日。处于事业上升阶段的人们能够并且经常作一些新的决定，就像又回到中学或大学一样。因此，初入职场的年轻人不应当惧怕第三阶段，而应该意识到它所带来的独特的挑战和机遇。

第四阶段：鼎盛阶段

你认为生活中最大的收获是什么？你认为成功和快乐的最终标志是什么？在职业生涯的鼎盛阶段，你的日常生活会是什么样子？在规划人生时，我想孩子们应该问问自己这些问题。他们应当对自己主要工作阶段作好规划，而对第四阶段的设想就是职场新人雄心壮志的一种表现。

我想人们能够分辨出自己什么时候处在第四阶段。作者目前就正在为处在第四阶段而苦恼。在这个阶段，你已经实现了人生的预期目标，已经尽力做到最好了。这是展示你能力的最后机会。这时人们的自我意识通常会膨胀而内心脆弱，焦虑达到了顶峰。初入职场的年轻人必须要小心，在第四阶段不要妨碍老板或者管理者，他们拥有权力，可能会因此报复你。这也是个容易不切实际、盲目自大的时候，此时，人们容易因逃税、欺骗配偶等诸多因素而陷入困境。

正如我所强调的，就像年轻人应该设想在第三阶段可能遇到的困惑、焦虑一样，他们需要乐观地对第四阶段作出规划，决定他们生活中的第四阶段应该是什么样子。这个决定显然不具有约束力，但它对于设定目标是有帮助的。对第四阶段作出规划，就相当于设定长期目标；明确事业中需要优先考虑的事情，能够让未来更明朗。它可以让你确信即将来到的事物有足够的吸引力。对这个阶段有一个清晰的设想，能够帮助你顺利通过第一、二、三阶段。

我的成长历程

下面，我将以自己的亲身经历为案例来进行分析，简要叙述我这个儿科医生的成长历程。

小时候，我就很喜欢动物，对动物有一种发自内心的亲近感，我发现它们

很吸引我，所以在 6 岁时，我决定长大以后做一名宠物狗医生。每次当我把蛇、乌龟和其他受伤的动物带回家时，母亲都会把我赶到街上。我告诉她，长大以后我会拥有所有我想要的动物，对此她持怀疑态度。

在我 9 岁的时候，我的大姐认识了基思，爱上并嫁给了他。基思当时正在努力学习，想成为一名儿童外科医生。我像膏药一样整天缠着我的新姐夫，我很崇拜他。因此，我决定放弃动物护理，进军医学院。

我喜欢读各种自传，喜欢观察人，尤其是了解他们丰富的经历，或者说他们生活的细节。我似乎阅读了所有能找得到的自传。我还发现自己很喜欢写作，后来，我成了中学校报的主编。读医学预科时，我选修的课程主要是人类学、文学和哲学，很少选修科学类课程。

高中的大部分时间以及大学期间，我都在暑期做野营顾问，主要负责带领孩子们在新罕布什尔爬山远足。在处理长途跋涉带来的体力和情绪上的紧张问题上，每个孩子处理问题的方式都不同，我对此非常感兴趣。这是我第一次发现不同的人有不同的思维方式。在大学里，我管理着一个大型的社会服务组织，叫做"布朗青年指导组织"，曾经在社区教育中心和智障儿童医院工作。有时我们也会和这些有先天缺陷的孩子们一起爬山。

我非常幸运地获得了罗兹奖学金 (Rhodes Scholarship，是塞西尔·罗兹先生自 1902 年创设的奖学金，一年一度，奖励学术和品格优秀的学生，获得者将在牛津大学学习 2 年～3 年。——译者注)。在牛津大学，我开始专注于哲学，当时哲学在牛津是很热门的学科。道德和认识论 (关于认识的科学，我们如何知道我们所知道的是正确的等) 深深地吸引了我。当我回到哈佛医学院后，对学龄儿童长期以来的兴趣促使我转向儿科，长期的精细肌肉运动功能障碍使我排除了从事任何外科分支学科的想法。我必须挖掘我在语言领域内神经发展方面的优势，这是一个主要靠观察、交谈和倾听的领域。另外我还发现，我更倾向于接触那些活生生的而不是病历里面记录的病人，因此在医学院时，我最喜欢去门诊病房工作。后来我到波士顿实习、居住。与其他病人相比，我对来自于家庭、学校和社区中的病人更有兴趣。

越南战争期间，我应征参加了美国空军，成为菲律宾克拉克空军基地的一名儿科医师。在空军基地，我成了校医。在克拉克有近 1.5 万名儿童，我非常喜欢在学校工作。2 年海外任期 (他们将我们这帮军医称为 "圣诞救星") 结束后，我回到了波士顿儿童医院，后来管理医院门诊部。在那儿，我发现真正具有挑战性的病例大多数并非出现在那些患有传统疾病的儿童身上，而是出现在某些大脑功能不太正常的儿童和青少年身上。他们不是经历着身体上的病痛，而是深受功能性障碍症之苦。通常，人们认为他们懒惰、缺乏动力，或反应迟钝、心理失常。让我感到愤怒的是人们对待他们的方式，以及因为孩子所处的困境，他们的父母所受到的不公平的指责。我觉得他们都是无辜的受害者。我了解我的职业，我认为它前途光明。

也就是在那时，我应邀帮助起草和实施马萨诸塞州一项专门的教育法案。那次机会让我更多地接触到学校，也就是我最初的爱好所在。法案禁止使用分类标签，对于有成长问题的孩子，要按他们的需要去教育，而不是将其简单归类。此后，我对教育和儿科的交叉领域的研究越来越深入，比以往任何时候都更加充满热情。

我的案例分析有什么启示呢？首先，它揭示了充实而有价值的人生是由许多部分交织而成的。我对传记文学的兴趣，最后演变成了对孩子成长的关注。作为儿科医生，我喜欢将精力集中在学龄儿童身上，而不是婴儿和咿呀学语的幼儿。换句话说，和过去一样，我成了高薪的 "野营顾问"。随着处理学习障碍的经验日益丰富，我试图缩小医学和教育之间距离的愿望越发强烈。同样，我对哲学产生兴趣也与这些孩子有关，孩子们提出了很多复杂的道德和认识论方面的问题，包括把人分类公平不公平？把人分类是不是贬低别人的不道德手段？被称为 "正常" 或 "不正常" 意味着什么？什么时候差异成了畸变？是否应当强迫人们去做他们不愿意做的事情？因为生理的原因而做了自己无法控制的事情，在什么情况下我们能够因为这些行为而惩罚他们？此类问题不胜枚举。直到现在，我做的大部分工作都具有临床哲学的特征。

我的职业也让我能够一直保持对写作的爱好。我发现写作是我思考和探索问题的方式。

那么，我最初对动物的爱，结果如何呢？我现在住在北卡罗来纳州的桑切里农场，班比和我照顾着 200 多只鹅、12 只天鹅、至少 12 只孔雀、大概 20 只野鸡、16 头硕大的驴子、1 头骡子、1 匹马、6 只狗和 6 只猫。我发现我最感兴

趣的是所有这些生物的行为和成长特征。我努力接近它们，帮助它们成为动物乐园的成员。我发现，没有任何两只鹅有相同的神经发展特征，因此我并不期望它们通过相同的方式获得满足。

年轻人的资本

在整本书中，我描述了导致就业准备不足的一些个人缺点，以及如何杜绝和弥补这些缺点。但必须承认，有很多人，比如本尼，他们有着非常成功的经历。最新一代的初入职场的年轻人有充足的资本可以炫耀，他们中的大多数人拥有非凡的科学技能、熟练的计算机水平以及相关的新兴技术。还有，如今在大学和中学里，学生之间彼此表现出强烈的诚信和尊重。大多数人的价值观中包含着深刻的伦理道德，他们是人权的忠实维护者，尊重人与人之间的差异。我注意到他们中很多人结成联盟，能够更好地合作，实现重要目标。在成年人的工作世界，一切以压倒性的计划为导向，非常需要真正的有团队精神的成员。这一代人能够为社会作出更多的贡献。

没有人会期望初入职场的几年是一段自由、快乐、胜利的时光。小的挫折是不可避免的，它们能够成为力量和活力的源泉。当然，在这些年，初入职场的年轻人不应当经受不必要的痛苦和潜在的不可逆转的自我毁灭。我们该如何使成功开始的可能性最大化？

第 6 章 内 省

认清自己，扬长避短

我认为我更愿用我自己的个人目标，而不
是其他同龄人的目标来衡量我的成功。

C.T. 24 岁

"**我**是谁?""我会变成什么样?""我要到哪里去?"这些探索性的问题值得思考,尽管我们不能很确定地回答这些问题。然而,几乎没有人在他们成年之前就问自己这样的问题。

一位叫卡森的 16 岁病人曾对我说:"医生,我想我真的很了解我自己。"和他交谈了几分钟后,我能看得出卡森完全错了。他认为他有很好的社交技能,但事实上他是一个很孤僻的人,平常很少和同学们、朋友们一起参加活动。他坚信他是一个优秀的理科生,但他的生物成绩一般,平均只得 72 分。

社会学家大卫·里斯曼认为社会上的一部分人属于"内省型"。这些人可以在内心找到生活的指引。他们将自己的判断和前进的方向建立在个人价值观的基础上,而不是模仿社会或家庭环境中其他人的做法。而以模仿他人为导向的人,被里斯曼称为"受人支配型"。

没有人是完全的"内省型"或"受人支配型",大多数人在作决定时兼而有之。但是我认识许多孩子,他们努力想给别人留下好印象。在这个过程中,他们无法发现自己的独特之处,继续在不真实的生活中孤芳自赏。因此,内省的出现和加强,是成长的一个重要组成部分。内省的建立依赖于 3 个成长过程:自我认识、展望未来和自我启动。

正确评估自己

自我认识是永无止境的，人们经常需要对自己有新的认识。一些刚成年的年轻人根本不知道自己是什么样的人。有一次我问一个 20 岁的大二学生，问他在这个世界上做得最好的事情是什么？他回答说："说实话，我从未考虑过这个问题。"然后我又接着问："你觉得你需要考虑这个问题吗？"他的回答是："嗯，我想也许有一天会吧。"这个学生过着一种以同龄人为中心的生活，他没有独处的时间，因此他从来不去独立思考问题。当他一个人独处时，他会把音乐开得震天响，好像音乐可以让他摆脱这些困扰。即使生活不知道将要走向何处，音乐依然响个不停，依然沿着自己的方向和方式进行。在一种注重外表和社会活动的文化氛围里，这是一种常见的生活方式，人们没时间、没地方、没愿望去自省。

认清自己的优、缺点

孩子的自我了解主要来自于他对自己个性的多方面认识。学校的经历应当成为了解个人优势和劣势的一种途径。成绩报告单和学期测评都是揭示这些特征的途径。学校应该帮助学生分析这些结果，找出他们神经发育的优势和劣势："伊娃，你的英语和历史成绩都很好，而你在科学和数学上就比较吃力。这充分说明在面对与语言有关的挑战上，你表现得非常出色。"

了解自己的性格

孩子们还应当了解自己的情绪和感情的类型。青少年可能会说："我想我对很多事情反应过激"，"我真是个自寻烦恼的人"，"当我早上刚起来的时候，我发现自己会非常令人讨厌"，"我是那种会为任何遭受痛苦的人甚至动物感到伤心的人"，或很悲观地认为"我一直想知道我是否值得活下去"。谈论这些话题可以帮助孩子们自己决定哪些特征需要保留，哪些需要改变。最重要的是，要抓住机会讨论这些问题，而不是逃避它们，或者将它们埋在心底。

了解环境对自我的影响

发展中的心智需要从周围环境的持续影响中汲取思想养料。"家里的人和邻居们是如何影响我的成长的？""家里人看重的价值是什么？这对形成我自己的价值观有什么影响？"孩子们应当意识到这些影响可能是消极的，也可能是积极的。

一个学生对我说："我的父母关心的只是金钱和社会地位。我对这些东西不感兴趣，我喜欢演奏乐曲，让其他人快乐。这是我认为最有价值的事情。"一个女孩告诉我，她的家庭宗教信仰对她的生活影响很大，强烈的宗教价值观在她的生活中起到了很重要的作用。通过父母直接或间接的教导，通过将自己和其他人进行比较，孩子们已经在潜移默化中产生了一些自我认识。

积极的自我评价

清楚地知道自己是谁，就能更轻松、更满意地知道自己该做什么。重要的是，这样的信息应当是公开的、公认的，而不是隐秘的或者潜意识的。父母和老师必须鼓励这种思考和讨论，因为很多孩子从来不主动这么做。课堂讨论、车上谈话以及临睡前的谈心都能够揭示出孩子是如何看待自己的，以及这对未来意味着什么。六到九年级和高中的孩子们应该通过思考他们的优势、劣势、喜好以及上述所有特征的共性，来不断评价他们一生都要做的事情——培养自我意识。

他们还应该注意孩子表现出来的各种趋势。比如，"我似乎对人们彼此间交往的方式越来越感兴趣。"这个思考过程不需要正式的性格测试，孩子自我认识的结果应当在他过了青春期以后进行修正。我主张让孩子们在小学的时候就开始进行非正式的自我描述，一些早期教育专家甚至希望更早地引入这项活动。

下面的表格可以帮助孩子们和家长们讨论孩子或青春期少年的发展方向。

表 6.1 优势、劣势和兴趣列表

优 势	
在学校内，我做得比较好的事情	在学校外，我做得比较好的事情

劣 势
我不太擅长的事情

兴趣（包括娱乐兴趣和学习兴趣）	
我喜欢的娱乐或表演活动的类型	我喜欢学习的知识的类型

表 6.2 个人特征和价值观

特　　征	非常重要	比较重要	有点重要	不重要
做个有信仰的人				
有亲密的朋友				
受欢迎				
和其他人共同工作				
独　立				
帮助他人				
经济宽裕				
有一个亲密和睦的家庭				
大多数时候感觉很快乐				
有雄心、有志向				
考试成绩优异				
其他的特征和价值观				

表6.3　反复出现或经久不衰的兴趣

反复出现或经久不衰的兴趣	强	中	弱	无
和其他孩子一起活动				
和成年人待在一起				
领导他人				
和别人一起工作				
户外活动				
竞　争				
运　动				
音乐／舞蹈／戏剧				
设计／绘图／动画／其他美术作品				
手工制作／建筑／修理东西				
技术工艺				
阅　读				
写　作				
做数学题				
实践活动				
繁忙的社交生活				
宗教／哲学				
政治／政府／时事				
历史事件				
与人有关的问题／行为／感情				
动物／自然				
照顾孩子				
科　学				
幻想／科幻小说／连环画				
其他兴趣				

我认为类似的表格测试应当每年做两三次，尤其是中学生。父母或老师能帮助孩子或青少年寻找反复出现的主题。在这一过程中，一定不要对他们进行过于简单的分类，将某人形象地描述出来要比将他归属到某一特定类型更有用处。这个人的心智试图向我们揭示什么呢？

在上面这些表中，注意到娱乐兴趣和知识兴趣之间的区别很重要，应当鼓励所有的孩子同时培养这两种兴趣。娱乐兴趣也许是对杂技、电脑游戏或游泳的热爱，学习兴趣可能是有关石头、矿物、爬虫或航空，只要有可能，这些兴趣应当逐步发展为专长和热情。孩子们应当培养一个或更多的知识兴趣，他们可以围绕某个主题深入研究，也可以不断涉猎并学习更多领域的知识。不断发育的大脑应当同时吸收知识和娱乐兴趣。当然，在做这些事情的同时，注重心智的发展也是一件非常重要的事情。随着时间的推移，孩子们的喜好和兴奋点会表现得越来越强烈。但有的孩子的兴趣比较集中和持续，他们的兴趣更新频率相对较低，对这样的孩子来说，抓住早期培养时机就显得格外重要。

展望未来

孩子应该花多少精力去思考未来？以孩子的快乐和个人满足感为代价是否值得？同样，过于重视对大学和事业的计划是否存在一定风险？每个人都同意青年时期应当有青年时期的价值观，儿童和青少年时代不仅仅是生产成年人的流水线。然而，孩子们应当有一定的方向感和对未来事物的预见性。这种展望才是正确选择人生道路的关键。缺乏展望，年轻人就会对未来的工作生活毫无准备，彷徨失望。

掌握职业方向

正如尽职的轮船领航员在穿越河流时要掌握航向一样，在成长的过程中，要保证孩子们不断地调整他们的心智航向。一个人的想法可以反映出他对自己的认识。当孩子们审视自己的时候，他们通常会看到高度扭曲的自我，因为他们对自己的认识大多来自于和朋友、兄弟姐妹们的比较，而这种比较往往是扭

曲的、受他人意见主导的。事实上，社会中很多潜在的影响让孩子们完全停留在当前。这些影响主要有：

◆ 在运动、逛街、音乐和游戏中，孩子们能够获得强烈的满足感，他们希望聚会永不结束。"我现在有很多的乐趣，管它以后怎么样！"

◆ 许多快乐都源于物质财富，拥有财富成为生活最重要的目标。在这种情况下，为了能畅通无阻地享受数不清的新奇东西，未来似乎是一个简单而纯粹的对金钱、物质的追逐过程；

◆ 上大学对孩子们来说压力太大了，以至于他们将这个人生的重要过程看做终极目标。当打开录取通知书的时候，他们有一种前所未有的成就感。之后，在他们心中似乎再没有了更上一层楼的目标；

◆ 孩子们非常害怕自己与大环境格格不入。媒体大力宣传那些被认为很酷的形象，而那些"怪人"则是人人避之惟恐不及的。在渴望让自己酷起来时，他们从来不会审视内在的自我。他们可能担心其个性不会被同伴接受，对许多人来说，没有什么能比被同伴接纳更为重要的了。

我们应当引导孩子和青少年去关注他们的未来，让他们意识到探索未来是一件很有趣和有益的事情。一旦孩子们看清内在的自我，就可以侧重讨论怎样描绘他们自己的未来了。这些讨论可以在学校进行，也可以在家里进行，理想的情况是在两个环境中同时进行。当然，没人会将孩子们束缚在一条特定的职业轨道上，也不要以为如果追求自己现在的喜好，就一定能沿着这条路一直走下去。任何时候人们都可以停下来朝另外的方向前进，也许是为了响应自己新的热情。掌握方向就是给孩子提供最需要的锻炼，让他们从正确的自我认识开始向前看："这就是我，这就是我可能要前进的方向，但仅是现在的方向。"

我高兴地看到有些孩子已经得到了帮助，并能很好地认识自己，然后去做些适合自己的事情。有个叫蒂龙的孩子，他一直吊儿郎当，在学校里闯了不少祸。但七年级时，他的一个老师通过他在课堂上的活动发现了他在滑稽表演方面的特长，帮他创办了一本幽默杂志，并推出了一档学校每年公演的保留剧目。

在蒂龙八年级时，我遇到了他，他说他正在慎重考虑将来做个喜剧演员。蒂龙对未来有所打算，这让他充满动力，即便他最后从事的工作领域和现在所设想的不一样，至少他在思考未来的过程中得到了锻炼。

我曾经建议一位英文老师要求她的九年级学生写一篇作文，主题为"我如何变成现在的我，我的现在如何决定我的未来"。所有的学生都应该经常写写这样的文章。"现在的我"应当包括一些有重要影响的生活事件、一贯的兴趣、优势（和缺陷）以及个人的喜好。找出反复出现的主题，思考它们对现在及未来的重要性，这能帮助人们为职业生涯做好准备。另外，不仅要找出反复出现的主题，还要让孩子们用自己的语言说出"过去，现在，未来"之间可能存在的联系，这也是非常有帮助的。

有一种称为"预想"的大脑活动，它在将你所属的类型和你可能从事的工作联系起来的过程中起着主要作用。大脑的前额叶是预想的指挥中心。经过青少年时期和成年初期的几年里的快速发育，它们帮助你向前看、预测成果和可能的后果，包括你的选择可能引发的重要结果。预想可以帮助你回答诸如"如果……那么……"之类的重要问题。"如果我这么说，那么人们会怎样看我呢？""如果我这么做，会有麻烦吗？""如果我成为一名化学家，我的生活将会是什么样子？"许多刚成年的年轻人从来没有设想过他们选择某种工作的实际结果，因此，他们走错了路。

让优势与兴趣保持一致

在第3章中，我描述了一些年轻人，由于能力和兴趣不相符，他们可能选择了不适合他们的职业。如果一个孩子或青少年喜欢他不擅长的事情或者擅长他不喜欢做的事情，他该怎么办？如果一个人追求他喜欢但不擅长的事业，他可能会失败。这种爱好和能力的不协调很普遍。

孩子们处于青春期时，如果能在能力、愿望与爱好之间尝试作一下调整，他们会获得最大的满足感和明确的方向感。最好的情况是，你应该追求你非常喜欢且做得比一般人要好的事业。某些活动应当包含一些人生选择的要素，也就是说，如果某些活动能够对你将来的职业生涯有所帮助，那就再好不过了。

了解并发挥自己的竞争优势

青少年经常将自己和他人作比较，尤其是他的同龄人。这样的比较通常能够让孩子们感到心理平衡。但青春期少年应当重视一个关键问题："我的竞争优势是什么？"他们需要考虑自己能够做或者提供哪些别人不能提供的东西。下面是一个学生在探索自己竞争优势及其未来的应用时写下的总结。简单训练孩子们写出这样的一份总结对所有年龄段的孩子都是大有益处的。

我的竞争优势和利用方法

我在以下方面比大多数孩子都优秀：

◆ 能够和各种各样的人相处
◆ 口才很好、表达能力很强
◆ 参加大部分体育运动
◆ 科学课程
◆ 给人们演示如何做事

我在以下方面比大多数孩子都表现出更大的兴趣：

◆ 比我小的小孩
◆ 残疾人或者有其他问题的人
◆ 生物课和卫生课
◆ 体育运动

我在以下方面能够运用我的竞争优势：

◆ 成为一名体育教练和健康（卫生）课老师
◆ 成为一名大学体育老师

◆ 从事运动医学或当一名培训师

◆ 当残疾儿童的体育老师

◆ 为残疾儿童办一所学校

我最近读到了杰克逊·斯通的故事，这使我深受启发。如今杰克逊经营着一家效益不错的苗圃。当他还是个青少年时，他和做园艺设计师的父亲一起栽培花木。他发现自己非常迷恋那些花木，并被花园里鲜明的四季变化深深吸引。16岁之前，他相信凭他的能力、扎实的基础知识和实践经验，能够胜任景观设计师、植物学家、植物园管理者和园丁等工作。他了解自己的竞争优势，他知道其他的孩子不具备他的背景，这最终使他相信他能比镇上任何人都能更好地经营苗圃。这结论有点狂妄（却不是一件坏事），有点野心勃勃，也比较现实，这正是事业成功的一些因素。当然，杰克逊·斯通先生从未表现出就业准备不足的症状。他主修园艺学，获得工商管理学硕士学位，成为了一家苗圃的助理经理，最后他收购了这家苗圃并使之不断壮大。

几乎没有孩子能够清楚地说出他们的竞争优势，但是他们应该具备这种能力。当然，从小学开始，他们应当开始探寻他们与众不同的潜力并为今后的发展方向作出准备。挖掘竞争优势可能听起来比较残酷，但是这样做能养成自我检查的习惯，并能够使一些人免受就业准备不足之苦。这种检查是必须的，而且越早越好。

设定短期目标

我认为展望不仅仅和长期目标有关，孩子们还需要养成设定短期目标的习惯。在特定时间内向特定结果努力，对任何成年人的职业生涯来讲都是极好的锻炼。足球队中，学校交响乐团里，历史课上，学生们应当不时地设定短期目标。听到一个十一年级的孩子这么说应当是一件很令人欣慰的事情："写作不是我的强项，但这学期我为自己定了一个目标，我要写得更好一些。我希望当我比较我在2月份和10月份写的东西的时候，能够感觉好点。我想看到自己有些进步。"设定和达到可行的短期目标在帮助个人更好地把握自己命运的同时，也

提升了自信心。它能让孩子和初入职场的年轻人认识到他们应该脚踏实地,让他们明白,尽管你不能立即得到所有想要的东西,但只要拥有足够的耐心和毅力,就一定能够实现你的目标。

自我启动

生活中不可避免地包含无数个开始。接受新工作、结婚、生孩子或者开个小公司都是很普通的例子。自我启动开辟了生活历程的新篇章,它是一个过程,通过这个过程,我们积累了许多宝贵的经验,可以开始或多或少地独立做一些事情。初入职场的那几年比生活中的其他阶段都更需要筹划自我启动。我们怎样才能保证及时地拥有自我启动的能力呢?为了促进自我启动的发展,我们需要了解它的几个主要方面:动力、志向、乐观和鼓励。

寻找动力

家长们经常感叹:"我的孩子缺乏动力。只要他开始用心,开始努力,他就能意识到他真正的潜力。可我们不知道如何让他找到动力。"动力需要勇气,勇气需要鼓励。每个孩子都需要有个为他喝彩的拉拉队,让他感到拥有同盟军和支持者,而不是严厉的裁判。

实践证明,如果目标有足够的吸引力,预计目标能够实现,或者不用殚精竭虑就可达到,当具备这3个条件时,动力就会增强。如果你想成为一名女演员,也觉得自己有天赋去主演百老汇音乐剧,你感觉你能够赢得喝彩而不会被淘汰出局,你的内心就会充满动力,你就会去努力追求。而另一方面,如果你为了取悦父母而争取在西班牙语课程中得到"良"的成绩,但又觉得学习西班牙语太难,或者如果你觉得即使考试得"良",也不能长期取悦你的父母,那么你就永远不会在西班牙语考试中得"良"了。也可能你觉得这件事做起来比较难,会毁了你的社交生活,那你就没动力了。

无数青少年和年轻人由于害怕失败而逐渐失去动力。所有的人,尤其是年轻人,承受失败的能力有限,因而会刻意去回避有可能失败的任务。当我们断言某人只要努力就一定能够做得更好时，我们不得不想到他也许不会去努力，因为他现在做得不够好。我们试着让一个忧郁的孩子重新燃起希望之火时，先要调整我们的期望，寻求他真正可以得到的哪怕是极其有限的收获。幸运的是，动力会如滚雪球般增长，尤其当你获得动力并且成功后，你就会继续拥有越来越多的动力。小的胜利会为大的成功铺平道路。

有位母亲对他 13 岁的儿子说："我们这段时间的一个目标就是你能交上英语和社会研究科目的每一次作业，这将有助于提高你的写作水平。"她给儿子准备了一些小奖励，在他完成任务时给予鼓励，可别小看这些鼓励的作用。每当儿子达到了目标，她就逐渐提高标准，要求从老师那里得到对他评价的积极反馈。由于字写得不好，很难达到字迹工整的目标，所以他改用电脑写作文。

在刚成年的最初几年中，一个很重要的内容就是要有动力做一些不起眼的事情。**在职业生涯的最初几年，年轻人不太可能取得大成就，更多的是成功地做一些小事。有动力去取得一些小成就，这也是不应被忽视的，这些小成就会将你引向更大的成功。**

调整志向

你想成为什么样的人？你有抱负吗？ 10 年之内你想做什么？你想获得权力、财富，还是成为领导或你所在领域的佼佼者？还是你对自己有一些其他的期望？下面是我收集的一些青少年病人的回答：

> "我没有需要和动力去在生活中获得成功，我只是想维持生活。我只想做个快乐的人，有个快乐的家庭，我想做个好妈妈，这就足够了。"
>
> "我不知道为什么我的父母亲总是唠叨我的分数。我不明白我得'及格'有什么问题，那就是我想要的，只要通过考试就行了。"
>
> "很多人有雄心壮志和大量的金钱，可是他们一点都不快乐。还有一些人很有名，但也很可怜。我想拥有一个美好的家庭，赚的钱刚好可以维持生活，这样就够了。"

孩子们究竟该设定多高的目标？只要抓住眼前的机会，但不为更高的志向而努力，这样合适吗？不管青少年是否拥有崇高的理想，他们都应当认真思考自己的决定及其引发的后果。这些重要的问题必须引起学校和家庭的重视。

当有的青少年宣称"我只想平凡度日"时，至少有两种看似有理的解释。一是他所说的就是他的真实感受和价值观。他真的不需要事业上的成功和别人的恭维。他觉得他的投入即使没有很多的回报，他也会很满意，或许根本不需要任何投入！他也许认为快乐和对成就的强烈追求是矛盾的。这是他所向往的生活方式的真实反映。安静、平和的生活是他对"成功"的定义。这有什么不对吗？或许没有。

另一种可能就是经历了过多失败（尤其是在学校中）的孩子，会成为保守而不思进取的人。那些历经磨难的人会降低自己的志向，在内心中也许有一些压抑的雄心和渴望。许多处于困境的青少年会非常沮丧，他们和自己的自尊不断抗争。当你自我感觉不好时，很难看得更高，更别提敢于冒险了。

如果你的父亲是纽约股票市场一家上市公司的创始人，或者你的母亲是你所在学校的校长时，你还能保持很高的志向吗？恐怕很难。你是不是应当尽力作出自己的贡献，或者退回到你的世界，退回到一种充满触手可及的快乐的、平民化的生活？那些兄弟姐妹们是学术精英、体育明星或社会名流的孩子们又会怎么样呢？在很多情况下，他们决定瞄准一个较低的目标，不去和他们那些事业如日中天的兄弟姐妹们进行比较。在所有这些情形里，孩子们需要找到激发斗志的途径，因为发展、坚持和了解自己的志向是一个很重要的成长过程。每个孩子都需要一项专长，需要一个能让他合理设定更高目标的潜在环境。我相信他需要对自己有很好的期望，一些人需要我们不断帮助他们去明确那些期望。

当对快乐的追求成为青少年或者刚成年的年轻人压倒一切的愿望时，他就不愿意去忍受一段相对不快乐的时光，而是期望在工作中始终保持快乐的状态。因此，孩子可能决定不去技校、研究生院或者从公司最底层做起，因为那"看上去令人厌倦"。当你在十几岁的时候适应了一种稳定、休闲并能够迅速获得满足的生活时，你可能会降低你的抱负，放弃就业准备，直到20多岁的时候还像个处在青春期的孩子（就像在第1章中描述的那样）。我想现在很多这种类型的孩子们需要从家庭以外的人那里得到心理咨询和一些建议，让他们知道如何在即时行乐和长远幸福之间作权衡。他们需要知道在选择道路的时候什么最重要。

如果一个人的期望明显不切实际，该怎么办？在大多数情况下，这并不是一件坏事，尤其是当他知道尽管他成功的机会很小，但可以有很多选择作为退路时。因此，当有个 13 岁的小孩告诉我他想进入 NBA 打篮球时，尽管看到他明显比同龄人矮，但我并没有给他泼冷水。相反，我和他探讨了各种可能的情况和结果。我说："你完全可以成为一个篮球教练或者体育记者，要么你可以开个体育用品商店或者为孩子们组织篮球夏令营。"我想，拥有不切实际的梦想要比没有梦想好得多。

培养乐观精神

儿童和青少年在对未来的乐观程度上表现出很大差别。有的说："我想我生来就注定要失败，我爸爸说我永远不会有什么出息。"另外一些人则表示："我知道如果我想做一件事情，我就一定能成功。"两种极端都可能导致失败。

作为临床医生，我经常设法引导那些因承受过多失败而郁郁寡欢的孩子变得乐观，这是学校中问题学生们的共同需求。通过和他们讨论他们自己的优势，我给他们指出可能适合他们的职业，尽力提升他们的自我价值。我也许会这么说："你们知道，运用你们的人际交往技能和了不起的创造性，以及你们对旅游的喜爱，你们一定能够成为优秀的导游。你们能够带领人们到非洲游猎，想出各种深受人们喜爱的新的旅游线路和方式。"特别需要指出的是，那些感到失落的孩子需要知道，做成年人比做孩子要容易。就像我曾经说过的那样，当你长大了，人们不会再期待你能做好每件事，你只需要在专业领域做出些成绩即可，你甚至可以以此为生。

只要有可能，父母亲就应该给他们的孩子讲述那些由于乐观而获得成功的生活实例。有位父亲曾告诉我："每次我在股市投资中大获成功的时候，我都会回去告诉我的女儿安。我想让她看到，一个人可以凭借他的判断获得怎样的成功。我还希望她知道，对未来的乐观如何带来更多的红利。我希望她永远都不会被悲观的情绪所笼罩。我的投资经历是教给她这些人生态度的一种很好的途

径。"老师们最应当强调对未来的乐观态度了。运动教练常常通过鼓励队员相信自己有机会赢得大赛，让他们充满乐观的情绪。

正如我们前面提到的那样，对未来过于乐观可能会像悲观一样，是一个比较麻烦的问题。如果孩子们觉得他们无往不利，他们可能会像第 2 章所讲述的那些孩子一样陷入幻想。当他们试图以最小的努力和最少的障碍来达到成功，他们会错误地认为，自己注定要过一种让人陶醉的生活，折磨其他人的那些苦恼不会影响到自己。他们可能会因为未能掌握处理生活中的困境所需要的技巧而处于危险之中。我记得有个男孩，对他而言，几乎每一件事情都来得太容易。当他拿到驾驶执照时，他觉得自己永远不会受到伤害，甚至认为法律不是为他制定的，他是特例。尽管他收到一些超速和违章驾驶的罚单，但这并未让他警醒。19 岁时，他彻底报废了他父母的那辆四轮驱动沃尔沃汽车，而他的女友就死于那次交通事故。尽管他接受了几个月的物理治疗，但如今走路仍有点跛。这个男孩就是陷入幻想的典型。

行动起来

父母需要成为孩子自我启动的激励者或发动者。把喜欢摄影的孩子从沙发上拉起来，鼓励他去给邻居照些相片，或是促使孩子去支起卖柠檬水的摊位，或是建议孩子去做分发报纸或者剪草坪的工作，这些例子都不需要父母付出太多精力，就可以让孩子实现自我启动的愿望。如果孩子们从未开始自己的冒险之旅，那么他们几乎不可能知道怎样开始一项事业或者一个重要的计划。儿童时期的冒险精神可能是成年后成功的一种准确的预示器。有些孩子天生主动，另外一些孩子则需要略微施加些压力。家长绝对有权询问他的孩子，在过去整整一年里，他自己着手做了哪些事情或者项目。

杰茜卡的母亲说："杰茜卡似乎一直要别人推一把才肯做事。如果你能够让她行动起来，她就能坚持下去，但让她行动起来谈何容易。"我建议她继续帮助杰茜卡开始行动，并且逐渐鼓励她自己主动开始"第一步"，在必要时可向母亲征询意见。

我们遇到过相当多像杰茜卡这样的学生。要明确地解决他们开始时遇到的困难，在他们从事任何复杂或者长期工作之前，需要让他们停下来仔细思考，制订出多步骤计划。学生们通常不知道他们该从什么地方开始、怎样开始。他们在某个过程中遇到了困难，我把这个过程称之为"步骤—智慧"。这些孩子需要有个导师或是教练帮助他们制订一份战略计划，一系列能通向任何一个重要目标的易于管理的步骤或阶段。学会分步骤工作是自我启动的重要一步。孩子们需要花一段时间努力练习，完成在表8.4(见第8章)中描述的步骤。

事业的开端往往需要从最底层逐步建立。那些过去当过学生干部、三好学生和明星运动员的跌落的偶像，可能发现自己很难从公司、军旅生涯或者学术界的职业底层做起。生活里充斥着那些20多岁的音乐偶像、体育明星或者暴发户形象，可能会让渴望成功的23岁的年轻人产生这样的误解：不劳而获的快速成功是完全可能的。那些心智欠债的人会发现他们的弱点在管理者的仔细审查下暴露无疑。害怕暴露自己弱点的年轻人可能会选择独自冒险，结果无疑是可悲的。孩子们对于他们生活中这个卑微的起步阶段需要做好充分的准备——通过专门的职业教育(见第11章)就可以达到这个目的。

正视现实

在自我启动的过程中，孩子们不得不经常面对现实世界，探寻他们的目标是否现实可行或者根本不可能实现。然而，许多为社会作出巨大贡献的人，正是从看上去不切实际的目标开始奋斗的，他们不受失败的影响。既然如此，我们是不是该为孩子们拓宽现实主义的边界呢？我想是的。对于空想或者高估自己的未来，我们有很多话可以说。事实上，当一个青少年或者初入职场的年轻人感到自己被太过现实的考虑包围时，我们应该尽力帮他列出实际的可能性，提高他的期望，然后我们就可以帮他筹划出该如何开始和继续。

从内省中找准方向

内省可以表述为3个步骤，利用孩子独特的发展特性帮助他确定人生初入职场那几年的方向。步骤如下：

表6.4 建立和调动内省

自 我 认 识	
通过自我评估和讨论来了解	
1．优势和劣势	2．感觉和情绪类型
3．环境／家庭的影响和价值观	4．持续的娱乐兴趣和学习兴趣
展 望 未 来	
思考并谈论一个人的生活方向	
1．掌握方向	2．预见合适的道路
3．列举优势和兴趣	4．利用竞争优势计划出路
5．为实现长期目标而设定短期目标	
自 我 启 动	
通过自我启动使得自己	
1．变得有动力	2．树立志向
3．对未来保持乐观	4．主动开始
5．正视现实	

第 7 章 解 读

体味人生，主动思考

　　我发觉自己总跟同学、朋友攀比，事实上，我尽量不让自己这么做。我试着退一步看，结果发现我们的生活之路各不相同，我选择了一条不同于大多数同龄人的道路。对我来说，有时很难与同龄人比较，因为他们已经事业有成，把我甩得很远了。我的确在比较，但我尽量不这么做。

S. R. 27 岁

年轻人不仅需要很好地了解自己，还要敏锐地观察和解读外部世界。他必须从那些他身边正在发生的事情中提取正确的结论，准确地解释许多思想、论点、动机和面临的问题。有3种途径能够培养敏锐的解读能力：掌握和理解外部环境、认识自己的思维模式、合理评估。

理解外部环境

一个茫然的24岁青年人坦白道："你知道，我确信自己仅靠记忆和模仿就能顺利毕业。我假装自己懂了，但事实上我从来没有花费心思去理解我正在做的事情和他们试图教给我的东西。在 IBM 公司，他们认为我完全理解我正在做的事情和正在说的话，有很多非常聪明的人看着我并听我说话。如果他们问我一些复杂的问题，我肯定会露馅。我必须真正知道自己在讲什么，这比在大学里参加欧洲历史考试时讲出一大堆史实还要困难得多。我习惯性地认为自己很聪明，但我发现自己并不擅长从深层次理解事物。"

理解胜于记忆

在学校里顺利通过考试，甚至取得好成绩并不能保证你真正理解事物。对于学生而言，通过熟练运用记忆和死记硬背的学习方法获得毕业证和学位证是再平常不过的事情了。

理解有不同的途径，一些人处理视觉信息的能力比较强（如能看懂复杂的电路图），另外一些人则比较擅长理解语言的意义（如理解诗歌的象征意义或遵从口头指令）。当信息量巨大时（如一次演讲或者内容详尽的解说），人们理解事物的速度会不一样，理解程度也会有很大差异。理解能力也有特定的方向，一个孩子可能在理解喷气式飞机的发动机的工作原理时没有障碍，但在理解代数问题时却遇到了很多困难。在年轻人初入职场的几年里，这些理解能力的潜在优势或障碍会成为决定其成功的关键因素。在工作中，理解能力包括理解工作需求或工作预期、工作的理由和概念。在第9章里，我们将讨论一个有关理解能力的问题——如何看清一个人。

破译工作中的潜在期望

在第3章里，我曾介绍过一些人在事业初期所犯的错误，而造成这些错误的原因主要是他们没能理解人们对他们的期望。新雇员必须思考的事情，除了圆满完成明确说明的工作要求之外，还有那些没有明确指出的、潜在的期望。如果一个人能够理解这些期望，他将更有可能达到目标，满足已经明确的和未明确的工作要求。人们应该尽早学会理解社会对他们的真正期望。有些潜在期望非常普遍，可能存在于任何工作中，还有一些则针对某些特殊的工作。

普遍存在的潜在期望

- ◆ 在工作中保持乐观的态度
- ◆ 在需要的时候加班
- ◆ 必须确信自己已经完全细致地完成了工作
- ◆ 融入集体，和同事友好相处
- ◆ 对领导（上级）表现出尊敬和钦佩
- ◆ 渴望获取新的技能和知识

◆ 与同事建立起和谐的人际关系

◆ 提一些好的问题

◆ 提出建议和解决问题的方案

    与工作相关的潜在期望很容易被忽视。杰克·盖博博士是位杰出的医生，在传染性疾病领域接受特殊训练期间，他做了大量的临床工作，主要是向感染多种传染病而住院治疗的病人提供治疗方案。他还参与研究工作，给医学院的学生讲课。在做完传染病研究后，杰克留在了受训的那所医院，在病人无端发烧或者出现其他医生都无法解决的病症时担任顾问。

    大约 3 年后，杰克认为自己已经在这所有影响力的教学医院奋斗到了称心如意的职位，这时，部门主管却通知他被解雇了。杰克觉得自己像是被电击了一样。那位主管承认杰克是一名一流的临床医师，但他同时指出，杰克没有做出任何研究成果，也没有申请项目，医院不能仅仅聘请他做临床医师。杰克自己从来没有意识到这一点。他没有树立明确的目标，没有考虑长期待在他热爱的学术环境中是否需要付出特别的努力。事实上，部门需要用杰克的薪水去聘用一个真正的"三面手"——一个既能够承担研究、教学，又可以做临床工作的年轻医生。而且，他们的心目中已经有了一个这样的人选。杰克从来没有意识到，这份专业工作会期望他成为一个"三面手"。在很长一段时间里，他觉得自己触礁了，陷入消沉中。杰克曾是一所名牌高中的学生，一个以优异成绩从名牌大学毕业的人，医学院的尖子生，父母的骄傲和自豪，但 29 岁的他现在觉得自己一无是处。而且，他已是一个 2 岁孩子的父亲，他的妻子苏珊又怀孕了，他还要偿还上医学院时的贷款。最终，他在一家保健机构找到了一份普通儿科医师的工作。他能够支付账单了，但却失去了做疑难杂症顾问时拥有的满足感和动力。他感到前所未有的沮丧。

    纳塔莉被解雇时才 24 岁，她是位非常有魅力的未婚女性。过去，她在一家高级鞋业批发商店做销售经理助理。她对这份通过亲戚介绍得来的工作非常满意。在鞋店工作两年半以后，她相信每一个人都很喜欢她。事实上，她的确很招人喜欢，她的微笑让人难忘，她有本事让周围的人感觉非常舒服。她还是一个值得信赖的、严格遵守考勤制度的员工。纳塔莉花了大量的时间与客户（还

有其他人）进行电话沟通，但是并未获得更好的销售业绩。当公司的销售业绩
突然下滑时，她意外地被解雇了。由于缺乏开辟新销路的记录，对于商店来说
她是可有可无的。公司感兴趣的是销售业绩,而不是她的社交技巧！不知为什么，
纳塔莉认为她只需凭借自己的个性就可以发展得很好。她错误地理解了公司对
她的期望，没有掌握成功的诀窍。

今天，年轻人成长的文化氛围使他们没有机会去了解别人对自己的期望。
那些惧怕孩子的父母只能够提出少得可怜的、显而易见的期望（如在学校里好
好表现，不要惹麻烦等）。孩子基本上不用承担责任，他们根本不需要知道如何
做好自己的工作。当乐趣或满足随处可得时，你根本不需要满足别人对你的期
望，就可以获得自己想要的东西。那些不想或者没有机会向成年人学习的孩子，
在将来领悟老板或者客户的喜好时可能会有麻烦。

谁来教学生们领悟那些潜在的期望呢？他们应该如何去发掘并理解那些没
有明确说明的期望呢？一些孩子可能依靠他们的直觉，而大部分人则需要接受
一些训练。所有的孩子在20岁之前都将经历这样的成长过程。在中学里，学生
们应该在鼓励和帮助下去解读社会对他们的要求，他们应该定期提交我称之为
"期望解读"的作业。下面是一个九年级学生写的一段范文：

我对历史课的分析

乔治先生是一位十分严厉的老师，但我相信他是公正的。他希望
你努力学习，并且给你很多测试。在他的考试中，他更想知道的是你
对每一件事情的看法。你最好能够对你所说的或者所写的东西给出自
己的理由，因为乔治先生喜欢和孩子们争论。这些争论并不是为了让
孩子们感到难堪，而仅仅是为了确认他们真正思考过这些问题。只记
住事实的孩子们难以给这位老师留下深刻印象。如果你有有趣的想法
并能给出足够的理由，你就能从乔治先生那里得到高分。我想这就是
我在他的课堂上拿到了"优"的原因，也是我现在喜欢历史课的原因。
在此之前，我一直认为学习全靠记忆。

苏珊·哈特伍德

无论孩子还是成人，都应该拿出足够的时间来分析并列举出别人对自己怀有的期望。无论是作为一般性原则，还是针对某一项具体工作而言，理解他人的期望都是通向成功的关键。下面是一些他们可以遵循的步骤：

1. 将工作中或是学习中最明确的要求制成一张表格；

2. 针对每一项要求，列举出几条能够确保出色完成工作的途径。例如，让其他人检查你的工作，投入更多的时间，按部就班而不是冲动或者头脑发热地做事情；

3. 把你自己放在老板或是老师的位置上，列举一下哪些事情能够让你高兴，你的潜在要求可能是什么。例如，对工作任务表现出热情，积极寻求建议，比要求你做的事情再多做一点；

4. 与那些你所敬重的人谈话。这些人以前或现在跟你的顶头上司（老板、老师）一起工作，你可以听听他们对各项工作的轻重缓急或行为准则的见解。例如，"她喜欢你在报告中提供统计数据"或"他喜欢你提出新主意或新建议"；

5. 与在同类职位上获得成功的人士聊聊，找出他认为是哪些途径让他获得了成功。例如，"我像往常一样顺路去拜访他。我感觉到，他真的很喜欢和人面对面地交流，但是你必须主动。"

6. 把上述步骤3、4、5转化到你的行动计划中去，以便你在分析自身经验的基础上进行不断的复查和修改。

从中学开始，应该鼓励学生们去拜访那些上一学年里与自己选了同样课程的学生。优等生应该解释他们当时是如何理解和解读课程要求的。在新学年开始时，孩子们应该提交一份实现目标的计划书。如果进行一些搜寻自己期望的锻炼，他们就可能对决定需要做的事情有更好的准备。

我遇到过很多孩子，他们长期以来误解了老师或家长对他们的期望。为了考试，他们会异乎寻常地努力去学习一些错误的知识，再三地对作业产生误解，并且悲叹自己无论怎么努力似乎都不能让长辈们高兴。我认为所有的孩子，可能还有大部分的成年人，都需要对下面这类问题进行充分的讨论："要怎样做，才能……？"要怎样做，才能在英语考试中得到"优"？要怎样做，才能赢得周六的足球赛？即将到来的一年里，我们要怎样做，才能使收入大幅提高？要怎样做，才能给我的老板或者化学老师或者女友留下深刻印象？

比较理想的情况是，人们应该这样看待期望："要想在英语考试中拿到'优'，我必须在这学期交上5篇读书报告，必须在这上面多花点时间。我知道老师希望我在写报告的时候，把我自己的看法和作者本人的观点作对比，这需要时间，所以我必须预留出更多的时间来写这些报告。默里森夫人还希望我参与课堂讨论，所以每个晚上，我都要想想如何评论所读的东西。我会主动要求发言，这样她就不会问我一些我不知道的事情了。如果有时间的话，我或许会多读一本书，因为她特别喜欢努力工作和对读书感兴趣的孩子。"同样的期望分析也可以用来获得升职的机会，或者用来把赚钱的保险方案销售给那些犹豫不决的顾客。

剖析概念

在学习和工作中，如果对重要概念一知半解，可能导致低劣的表现，并最终导致失败。一个学生能够回答出关于运动能量、化学组合或者生态平衡的问题，尽管他对这些概念的含义只有一些模糊的认识。在并不真正理解老师所讲内容的情况下，他可以复述记住的定义，简单重复老师传达给他们的信息。这只能说他是一名一流的模仿者，而非真正的学习者。工作中也会出现同样的情形，尤其是当一个人从来没有学会真正理解、消化在学校里学到的东西（即所谓的"概念化"）时。在最初几年，概念化能力较弱是一种很普遍的心智债务。

职业中充满了各种概念。让事情变得更为复杂的是，概念始终在不断变化。随着时间的推移，新的概念加入进来，而原有的概念不断被修正。如果你没有自然而然地掌握概念化的要领，并且从来没有人教过你如何进行概念化，那么你可能会在学习和工作中稀里糊涂地犯错误。

我经常要求高中生告诉我什么是概念，但很少能听到满意的回答。他们通常会用含糊的语言来回答。例如，"我想那是某种想法。"即使是老师，也可能对概念没有一个清晰的认识，这使得他们在帮助学生们理解概念时感到困难。

我曾经花费很多时间去研究概念的形成。下面是我对概念的认识。其实，

这种认识比听上去要简单得多：概念是重要特征的集合，这些重要特征一起构成默认的期望，并且可以用专门的术语来描述。现在，我认为这个定义非常好。下面来看"水果"的概念。水果拥有以下重要特征：

◆ 属于植物的范畴（相对于动物而言）

◆ 长在树上

◆ 可食用

◆ 经常在果园里种植

◆ 来源于花

◆ 可以在超市买到

◆ 许多动物以它为食

◆ 有种子（核）

考虑到上面的特征，如果你告诉我一个物品是水果，我的默认期望就是它拥有以上所有的重要特征。毫无疑问，苹果适合上面列出的每一项重要特征。但一种水果可能包含一些其他水果所没有的特征。例如，有毒的水果，它们仍然可以被称为水果，但它们却不能满足"水果"概念里的所有关键特征。西瓜就不生长在树上。所以我们说特征的集合组成了默认期望，我们一开始假定这些特征适用于某个特定的例子，直到我们发现存在例外。如果你告诉我有一个特殊的种群符合"鸟"的概念，我将会假定它们有羽毛，能飞翔。说到企鹅时就会有些麻烦，但是企鹅仍然应该被看做鸟类，尽管它们不像典型的鸟那样具备所有的关键特征。

一个人要想理解一个概念，必须抓住这个概念的重要特征。之后，他需要思考可能符合这个概念的例子，并且识别哪些是完美的典型，哪些只是部分符合他默认的期望。无数的就业准备不足的年轻人正处于危险的心智债务之中，因为他们从来没有学会形成牢固的概念。在未来的人生中，在初入职场的关键的几年里，无论你做什么，确立概念的基础都是非常重要的。当你被迫向自己或他人证明自己的确了解正在做的事情（和正在说的话）时，越过这一过程是非常危险的。这意味着必须形成牢固的概念，而不仅仅是记住事实和程序。

积极思考

在一次有中学数学老师参加的会议上，我曾经问过部分教师，他们能否说出最优秀的学生具有的最突出的特征。其中几个人表示，优秀的学生刚学会一些新知识，就能掌握应用这些知识的途径。他们不仅仅是在被动地学习代数知识，而且能够在实际中应用它们。与此形成鲜明对比的是，一般的学生总是抱怨："为什么我们必须学习这些知识？我们永远也用不上它们。"

学习知识是一回事，将它们很好地应用并且力求在不断应用的过程中获得越来越多的成功，则是另外一回事。学习应用你所知道的事物，要从对它的深入理解开始。当大脑处于最活跃的状态时，这种深入理解最有可能实现。一个思维敏捷的学生的大脑非常欢迎新的信息，能唤起某种似曾相识的感觉，并在大脑的不同领域产生共鸣。某位老师可能会在一个简短的故事中批评不诚实的品质，这种批评会激起某个正在听课的学生的内心活动："噢，是的，这种行为使我想起，那次我的姐姐艾米莉因此受到惩罚。为了同样的事情，我也曾经陷入困境。父亲和我谈起过说谎的政客总是会被揭发并因此处境尴尬。我想，同样，我们也不应该为我们的家庭作业撒谎。"这样一连串的联想，充分联系了过去的经历和对未来的暗示，从而形成了积极的学习过程。与之相反的现象——消极的学习，实在太普遍了。当老师讲述了一些有意义的事情时，学生的思想却只停留在思维的表面，无法深入。

一些孩子已形成被动的学习和思考方式。教育系统鼓励甚至是奖励填鸭式的教学，因此要对此承担部分责任。就像一个沮丧的年轻人说的："当我还小的时候，别人让我做什么我就做什么，没有想很多。现在，在商学院，我在做阅读作业时感到非常困难。以前在大学和高中的时候，我在读完后就能够回答测验中的相关问题。前几天，我们每一个人都要整理出一份无懈可击的销售合同，并且证明我们理解了合同中存在的所有隐藏的和潜在的疏漏，我必须真正运用学到的所有东西。这样做对我来说太难了，这使我感觉糟糕透了。过去从来没人逼我应用所学的知识解决实际问题。"

作为积极学习过程的一部分，学校需要帮助甚至要求孩子们思考他们正在学习的知识与技能的实用性及其长期应用。"我非常高兴学到了有关古典音乐的

知识。以后，我可以去听音乐会，欣赏交响乐团的演出。""找到有关政府的更多信息，可以让我在看报的时候获得更多的信息并作出相应的判断，这也有助于我在选举中投票。""学习这些人体解剖知识真的很有趣，想知道我的骨头和关节的不同突起部分都怎么称呼。现在我知道了，这太棒了！"

学生们应该在思考他们所学的东西是否有长期应用的可能性的同时，立即试着将这些知识应用到实践中去。老师也应该如此。他们应该经常提出类似的问题："为什么我要教学生学这个？从短期或者长期来看，我的学生怎样才能应用这些知识？我如何才能及时给他们提供机会，让他们应用所学的东西？"当一部分教职员不能够回答此类问题的时候，他们应该认真考虑如何改进教学方法。如果一名教师要求他的七年级学生记住非洲全部河流的名称，在学生看不到这项要求与现实生活的相关性的前提下，这样做只会鼓励学生去死记硬背，并且会在不经意间助长被动学习。

家长和老师们需要帮助孩子们更加积极主动地思考。当新信息进入他们意识时，提一些好的问题能够帮助学生在头脑中引起共鸣。下面的清单提供了一些能够激发有价值的认识行为的问题。孩子们需要明白真正出色的学生在学校里是不会感到无聊的，他们感觉任何事情都很有趣，因为他们总是不断地提出问题并将事情相互联系起来。

能够引发积极思考的问题

◆ 这些事实（观点）是如何符合（或改变）你的观点（或兴趣）的？

◆ 你能将这些事实（或观点）和你最近学到的其他事情联系起来吗？

◆ 你过去遇到的哪些事情与这些观点（或事实）有联系？

◆ 这些观点（或事实）会在哪些方面对你的将来有所帮助？

◆ 这些观点（或事实）如何改变了你的思维或使你的想法略有不同？

◆ 你将如何把这些事实（或观点）解释给年轻人或经验比你少的人？

◆ 你如何用这些观点或事实来获得别人的尊重？

在初入职场的几年里，积极思考可以带来很多好处。这里有一个例子：我们假设你是某家电商店一名24岁的雄心勃勃的售货员。一套最新的家庭影院系列到货了,你拿到了一份介绍新产品的说明书。你或许记得放大器的瓦数和扬声器的电阻数,还有显示屏的颜色和尺寸,或者当有客人询问时,你可以选择查询这些信息。积极思考的销售员能获取信息,并将这些信息转化为深受好评的推销方式。他仔细考虑可以接受这种机型的顾客的类型,将新产品和可以提供给潜在顾客的不同的服务合同及付款方式联系在一起。他考虑以前的客户、朋友或亲戚是否会被这个奢侈的消费品所吸引。你走进店里,几乎立刻就能辨认出哪些是积极思考的销售人员,哪些不是。那些进行广泛联系的人有可能成功并将一直成功下去,至少这在任何工作领域都是一种必要的前提。那些习惯被动思考的人,尽管他们有时凭借测验中的分数和成绩单给人留下了深刻印象,但这依然是他们的一个严重的弱点。父母要想帮助那些想考大学的孩子们,就应该鼓励他们挑选强调互动学习的学校而不是那些只要求被动记笔记的学校。

认识自己的思维模式

在我们的生活中,历史不断地重演。挑战、逆境、僵局和机会像季节更替一样,以某种规律重复出现。在学校,我们学习了一些英语单词,它们包含重复的词根,这些词根的前面或者后面有不同音节。音乐有主题和变奏。在美术馆,我们能鉴别出一幅绘画作品是毕加索的、波洛克的,还是夏加尔的杰作,即使我们以前从来没有看到过这种特别的画布;我们能辨认出隐含的风格,这些风格表明了艺术家的身份。当你想要去了解外部世界,尽你所能做好正在做的事情的时候,注意到这些重复出现的模式非常关键。如果你没看到这些模式,你所经历的很多事情看上去像从未发生过,你无法将以往的经验应用于新的情境。

通过在大部分职业范围内将初学者和专家进行比较研究,可以得出以下结论:模式识别方式具有较大差异。"在理解事情的方法上,专家和初学者有什么不同呢?"一项权威调查表明,专家能够透过事物看到其相似性。专业的国际象棋选手能够察觉到棋盘上出现的套路,即使他以前从来没有见过同样的棋局,如果他抛开表面的细微的差异,他就能认出这种套路在以前许多比赛中遇到过。

在成年初期,模式发现和认知是如何开始起作用的?在初入职场的几年里,

一个人要使其心智对重复出现的模式越来越敏感。在未来的几年里，他需要对这些模式作出有效的解读和反应。作为一名儿科医生，你应该对许多临床模式感到敏感。随着时间的流逝，人们识别出越来越多的模式，这些模式显示出现象的成因，并与过去那些有效或者无效的解决方法联系起来，这是促成我们所谓的"正确判断"的一个重要的因素。

在初入职场的几年里，人们都应该努力寻找各种模式。无论你的职业是什么，你都必须成为一名机敏的诊断专家。当那些模式出现时，你能够加以识别并进行熟练的诊断。对模式识别缺乏感觉的孩子可能会在成年后的事业中遭受失败。我坚信，老师应该鼓励学生准确识别潜在模式及其暗示。父母可以帮助孩子完成这个任务。以下是一些增强识别能力的策略：

鼓励模式识别的步骤

◆ 在所有的课程中，老师应该定期地向学生提问："目前的基础模式是什么，我们以前曾在什么地方见过？"

◆ 在寻找模式的过程中，学生们应该讨论，他们过去曾经见到过的模式在这一次出现时有什么改变或不同？

◆ 青少年在处理有疑问的或者有挑战性的模式时，应该联系过去处理过的或是处理不成功的那些模式的解决方法。在历史和社会课上可以讲述跟目前的情形或困境相似的历史事件。他们可以考虑过去对这些模式作出的反应，以及这些经历对现在作决定可能提供的指导；

◆ 通常，通过鉴别文学作品中每一章或小节中以相同或不同形式反复出现的象征、典故或主题，人们能够更好地理解它们。这是一种模式识别形式，学生们可以明确、自觉地去练习。在一部小说里，对人物性格发展的分析，实质上类似于梳理他们经常出现的行为模式；

◆ 音乐和绘画艺术为学习如何识别主题和变化提供了极好的机会。学生应该学会听懂音乐，并找出基本的主题和作曲家演绎该主题的方式。他们应该能够鉴赏绘画作品，讨论哪些模式能够表明一幅画是在18世纪创作的，哪些画笔的运笔特征能够表明此画为凡·高所作。

在解决各种各样问题时，模式识别扮演了重要的角色。例如，数学上的成功主要依靠把模式识别和解决方法联系起来。学生识别出某种题型，然后从记忆里调出他以前遇到这种题型时采用的方法。非常相同的两个操作步骤——模式识别和方法传递，对我们处理生活中很多的问题有深刻的影响。如果一个善于社交的、圆滑的、有能力的人与同事或者主管人员发生冲突，他会主动去查阅并回忆他以往遇到类似的人与人之间的冲突时的经历，然后将最有效的策略调用过来。如果工厂里一名工人每天操作的制模机出现故障，那名工人可能会察觉到仪器摇摆的模式，想起机器早些时候出现的故障，因此能够回忆起上次这种事情发生时是怎样修理的。这些都是很重要的资源，我们称之为"累积智慧"。

不断重复的模式很容易转化为规则。规则遵循这样的形式："如果……那么……"实践证明，许多成功的学生特别善于理解和应用规则。另外，当他们意识到两个或者更多经常伴随在一起的现象，例如乌云和雷雨，他们就有能力找到应对的方法。

对模式和规则的敏感，能使学生或者初入职场的年轻人发现那些不规则的事物（有规则，就有例外），并作出相应的反应。这是来自一名成功的汽车销售员的讲述："通常，我注意看人们的着装。我重点观察他们穿的鞋子和佩戴的手表。如果他们的鞋子像从当地的小商店里买来的，并且他们的手表看上去像邮购的，我会给他们看我们这里最经济的车型，因为我知道他们是根据价格来购车的。但当我看到一双昂贵的意大利皮鞋或者是最高档的跑鞋时，我就会把这些人引向昂贵的越野车和豪华轿车——鞋子是一个可以信赖的标志。当然，偶尔会有穿得像穷困的流浪汉一样的人进入展销室，而实际上他却是后院里蕴藏着石油储备的大款，并要用才开了2年的法拉利折价购车。我可以通过他说话的方式或是他太太的评论来下判断。这个时候，我要丢掉规则手册，向他展示利润最高、要价高昂的高级限量版汽车了。但这只是规则的例外而已。"

在工作中和在学校里，我们从经验中学习，部分是通过获知局部隐藏的再现模式来学习，其中的一些模式已经被我们自动地转换成规则。规则能够简化我们的生活，有时候我们称它们为"经验法则"，它们能用来指导人们的行为，帮助他们作出成功的可能性很高的决定。但当一个人不知道这些模式时，会怎

么样呢？不能按照先例采取行动，也无法从经验中学到足够多的东西，这意味着他始终在重复毫无意义的劳动，在原地踏步。

贝齐就是身陷这种困境的典型例子。作为一名股票市场分析员，她在工作中经常忘记重复出现的模式。她在芝加哥的公司安排她这位刚拿到 MBA 学位、资历很浅的女士去负责电信行业的股票。仅仅 8 个月后，没有任何事先警告，她被解雇了，这使她大为吃惊。她的上级明确地说，他认为她入错了行。他指出她撰写的所有报告听上去都没什么差别，她没有能力总揽全局，无法识别出这个行业中出现的变化的模式，更无法在这些模式的基础上作出投资建议。例如，她回答不出在她的领域内那些新成立的公司的共同特征是什么，她无法识别成功的管理模式或战略。贝齐丢掉了工作，仅仅因为她没有表现出模式识别的能力。

合理评估

在学习和工作中，需要不断去评价概念、人和产品（或者假想中的产品）。在工作中，在课堂上，人们的行动都基于这些评价。例如，你对那些看上去有能力并且诚实的人作出积极的反应，这就是你对他们作出的一种评价。有人决定参加一个项目，因为她认为这个项目有很好的前景。成为称职的评价者所应该具有的能力和心态，在学生群体和初入职场的年轻人中有着显著的差异。或早或晚，每一个人都需要成为一个能干的"评论家"。

"百分之百的幼稚，根本就是个孩子。"一位心烦意乱的母亲这样向我描述她 21 岁的女儿。我认识杰西卡将近 10 年了，曾经帮助她处理过一些小的学习问题。现在，杰西卡已经从俄亥俄州一所规模较小的大学毕业了，她坚持要去纽约做一名百老汇舞蹈演员。她的父母之所以会感到惊慌，是因为杰西卡喜欢模仿别人，其他人让她做的事情她几乎都会去做，只为了取悦别人并获得他们的认可。她会相信别人告诉她的一切，会对荒诞的广告着迷，还有可能成为学校里那些朋友们荒谬建议的牺牲品——开始学会吸毒、抽烟。她的父母亲很担心女儿会被大城市里的骗子欺骗，或是被毒贩、反叛的艺术家或纨绔子弟教坏。简而言之，他们对杰西卡过于缺乏评价能力而感到不安。

另一个极端是那些顽固的愤世嫉俗者。我想起一位正在找工作的 19 岁男孩，他几乎拒绝了所遇到的每个机会。下面是一些典型的回答，每个回答都涉及一个不同的工作机会："我才不愿意为那些'老鼠'工作呢！他们所关心的只是敲诈每一个上门的人。""我享受的社会福利也要比他们愿意付给我的钱多。""没门，饭店视其雇员为粪土。"他的父母记得这个孩子曾经口头诋毁他的老师、其他孩子、父母和教会。他总是武断地否定一些事情，很少能看到事物积极的一面。像杰西卡一样，他的评价能力很弱，以玩世不恭的态度作出判断。他从来不会给自己留足够的时间去虚心地评价每个机会的优点和缺点。现在，他实际上是被自己的玩世不恭麻痹了。习惯性的消极已经成为他的一种本能反应。在这2个极端的案例中，这2个年轻人都没有能够进行很好的合理评估。

首先，评价需要时间。我们知道，武断和莽撞是很危险的。幸运的是，大脑前额叶是我们的行动控制中心，它能使我们松弛下来，对境况和可采取的行动进行思考。

合理评估的 10 个步骤

1. 进入深思模式：慢慢考虑之后得出结果、作出对某件事的评定，这样总好于立即给出直接的结果或仓促作出判断；

2. 描述被评价的目标：客观描述你正在仔细观察的人、观点、项目的实际情况，这要求对被观察对象深入了解，以防止作出不成熟的判断；

3. 描述主张和外在表现：决定你对正在评价的事物所持的观点或偏见，例如，某人设法使你相信的推销产品或社论中的观点；

4. 指出可疑方面：识别需要调查的要素，例如，销售额、价格、便利性、实用性及相对于产品潜在利益的风险；

5. 调查研究：获得任何可能用得到的证据或者可能影响评价的数据；

6. 和其他人商量：分析别人的渊博见解，参与讨论；

7. 在特殊方面形成判断：利用个人价值观、外部信息与以往经验，将第4步中决定的要素形成基本观点；

8. 权衡正反两方面：作出判断并按照判断行动；

9. 提炼并陈述评价：用自己的语言阐述自己的评价；

10. 跟踪调查：随后检查，看看这个评价是否是正确的（对今后有关人、观点和产品的评价和反馈有重要启示）。

22 岁的阿琳最近刚从大学毕业，她需要评价她刚刚从一家公关公司获得的工作机会。首先，她不得不克服她一贯的冲动，静下心来考虑周全。然后她问自己："如果接受这份工作，我是否能够全身心地投入呢？"之后，她应该尽量用自己的语言重新在纸上准确地、完整地写下工作要求及其所提供的机会。这种转录的做法要比被动地阅读更能阐明或突出问题的重点。接下来，阿琳需要考虑公司为吸引她而作出的承诺。这些承诺可靠吗？最后，她应该列出这个职位可能存在的优点和缺点。通过阅读行业报告，她可以对公司有更多了解。她应该寻找一些公正的"专家"，例如母亲、大学室友、公司前雇员以及教过她市场营销学的教授，和他们谈谈，听听他们对这次机会的看法。现在，通过认真衡量这份工作意向的正反两方面，阿琳可以将结论用自己的话表达出来。数月或数年之后，阿琳可能会从回顾对这次工作机会的评价和衡量其精确程度中受益。

成为精确解读者

我们已经看到，精确解读能力在学校和初入职场的几年里是如何起到重要作用的。把对信息的基本理解、模式识别和合理评估结合起来，热情的年轻人就能够开创并发展自己的事业，并有极好的机会熟知该行业的规则。精确的解读带来最佳的决定和行动，从而产生正面情感和激励人生的积极反馈。学校将学生教育成如此精确的解读者是非常必要的。

第 *8* 章 **重 塑**

培养技能，提高绩效

我理想中的工作就是那种能够手脑并用、具有挑战性的工作，并且还能有机会与人打交道。这样我既能工作又能思考，并能以更好的方式把两者结合起来。

C. T. 24 岁

择业要趁早
Ready or Not, Here Life Comes

重塑是指让你的孩子装备一整套职业生涯所需要的思想工具。走出青少年时代、刚刚步入到成人行列的人，最好思考一下这样的关键问题："我所选择的职业需要什么样的工具（假如我已选择了职业的话）？我知道怎样使用工具以及在什么时候使用工具吗？如果我手边没工具，我能很快找到吗？"即使有很多工具，你也无法把它们放进工具箱里随时带走，它们是你思维的一部分。如果没有适合你的思想装备，你就可能变成跌落的偶像，会误入歧途，成为长不大的青少年，或者陷入深深的心智债务之中。

去年夏天，我偶然看到一些电工在我的农场上安装发电机。我很惊讶地注意到每个电工都有一套自己的工具，当看到电工在安装时得心应手地使用各种型号的钳子、扳手、钻头时，我深深地着迷了，甚至有些嫉妒。这些工具就像他们自己的手一样灵活。这使我认识到，思维工具对我工作的重要程度，就像螺丝刀和电线切削刀与电工们一样密不可分。

在医学院读书时，我们几个同学曾经观摩一位外科医生做胆囊手术。这位医生很有名气，但也有些傲慢。在做这次引人注目的手术前，他说出了使我终身难忘的名言："如果所做的事情让你觉得太难了，那一定是你选错了工具。"

教育行政官员和政策制定者要认真调查当代成年人的工作状况，这样才能决定现在的学生应该掌握什么样的工具，才能为刚成年的阶段以及随后漫长的职场生涯做好准备。尽管化学实验室、美发店、法庭以及十八轮汽车等特定的

130

场合需要特定的工具，但我们也可以确信，不同教育水平和不同职业也需要某些共同的思想装备，它们包括技能工具、效率工具以及产出性思维工具。

每一代人的职业技能宝库都在发生着巨大的变化。我们都关心孩子的未来，因而，我们要仔细考虑下一代成年时所需要掌握的技能。随着计算机的不断普及和对非技术工人需求的下降，社会应认识到我们不仅需要健全的基本学术技能，也需要一整套专业和特定的思考能力。研究职业生涯的弗兰克·利维和理查德·默南认为："技能强的人不害怕大规模的裁员和失业。而对有些人来说，如果某项工作要求专业化思考和复杂的交际技能，那么缺乏这些技能所面临的最大风险就是工作机会不断减少。"

这些技能将在本章中一一列出，比如头脑风暴法、合理评估、创造力以及组织能力等思维习惯，这些都属于专业化思考的范围。初入职场的年轻人需要自问：自己是不是正在开发能够熟练进行专业思考的领域。在第9章，我们将谈到交际的复杂性。

如何培养和应用工作技能

有一位新员工，由于缺乏相应的技能而未能保住工作。有人这样评价他："我们雇请弗农筹措资金，但他没办法为组织目前的筹款活动提供帮助。尽管他在大学里学的是英语专业，但他连怎么给潜在的捐款人写感谢条或感谢信都不会，他也计算不出预计捐赠的数额。我们试着帮他，但他坚持认为他知道该怎么做。然而他的技能确实不能满足工作需要。我们也很遗憾失去这么好的小伙子。"

没有人生来就具备各种技能，天生的技能几乎并不存在。随着时间的推移，技能慢慢积累起来。可能有人天生就容易或较难掌握某种技能，对此，我们并不否认，但所有的技能都是学习的结果或副产品。大部分技能是学校教育或家庭教育的产物，有些则是自学的结果。**积累有用的技能并适当运用这些技能满足特定需要的能力，是运动员获得金牌、学者取得学术成就以及职业成功的保证。**

技能培养包括以下4个步骤：确定技能需求、培养并应用技能、提高技能以及调整技能。

确定技能需求

青少年和年轻人渴望从事某项职业，却根本不知道从事这项职业需要什么技能，这种现象很常见。青少年要认识到：在学校里学到的技能可能不同于将来职场上所需要的技能。

我在第 5 章提到，那些在法学院和商学院表现不太出色的学生在律师事务所或公司里却干得很出色，这种现象很普遍。同样，有些人在学校是尖子生，在职场上却表现得却不尽如人意。

> 我的一个病人特别想上医学院，4 年来，他坚持不懈地申请，最后终于如愿以偿。我告诉他，基于他以前的学业成绩，对他来说，上医学院可能会是一次自我伤害的痛苦经历。但我向他保证，一旦完成所接受的正规训练，他就会在自己的专业领域中表现得非常优秀。
>
> 我没有说错，他勉强完成了医学院的学习。在 35 岁时，他却已经领导着一个备受尊重的内科科室。**高中生和大学生要认识到，学生时代的成功并不必然决定职场上的成功，这一点很重要。**

考虑选择职业时，列出从事该职业所需的技能清单，对学生来说是很有益处的。但很少有年轻人在初入职场时能事先知道自己一生要从事什么职业。如果在学校时能考虑将来要从事的职业，就能知道需要哪些相关的技能，那么在学校就可以培养这些技能，以便将来在职场上能用得上。

培养并应用技能

要想成功，必须不断积累并扩大自己的技能库。四种通用的技能包括：学术技能、运动技能、生活技能以及专业技能。详细内容见表 8.1。

表8.1　技能分类

技能类别	内　容	例　　子
学术技能	学校培养的正规技能	3R(读、写、算)、记笔记、利用图书馆
运动技能	培养运动能力	游泳、跳舞、跑步
生活技能	日常生活需要的实际技能	保持日常收支平衡、采购食品
专业技能	执行特别任务的能力	程序设计、做木工活

我们可以用3R来概括学术技能，还有其他的具体要求，比如记笔记、概括、解释图表等。在初入职场的几年中，假如不具备这些基本技能，你就会发现自己脑子不够用，甚至可能觉得大脑思维枯竭了。当顽固的阅读障碍症困扰着你时，它可能会妨碍你对学术技能的培养。

我曾接到过无数电话，都是法学院和医学院的学生打来的，他们觉得自己几乎无法完成学业，因为阅读速度太慢或无法理解、记忆阅读材料，无法复习书本和文章的内容。很多就业准备不足的职场人士在学校的时候就有阅读障碍，觉得理解所学的内容很难也很慢，记忆也有问题。为了防止这种现象发生，学生们可以分步骤地培养阅读能力：

培养阅读能力的步骤

1. 阅读文章时，首先掌握文章的大意和总体内容；

2. 详细阅读(注明文章的中心思想和主要观点，在页边空白处写下心得)；

3. 快速浏览作标注的内容；

4. 作口头或书面总结；

5. 运用阅读内容去完成一项任务；

6. 回顾总结内容，以确保与完成的任务相符。

阅读能力较差的人发现，他们很难准确而又不费力气地理解每个词的意思、

理解作者的想法并记住内容。那么按照上面 6 个步骤阅读，就可以更好地理解所阅读的内容。

表 8.1 还列出了其他技能，这些技能需要精心培养和练习。学生可能要学会在网上收集有用的信息，为各种活动做准备。比如，知道怎样为考试而学习，记笔记，参加辩论，准备预算。

孩子和成人在潜意识里都渴望掌握一种运动技能。理想的状态是，每个人都学会某种运动项目或乐器演奏，或精通某种艺术形式，或其他形式的与肌肉运动有关的技巧。另外，有些职业需要认真学习运动神经方面的知识，比如整形外科、驾驶飞机和画肖像画等。

许多孩子不具备基本的生活技能，实际上，这剥夺了他们体验现实世界的机会。父母可能无休止地担心他们的孩子到了二十五六岁时还不能独立生活，但他们对此并没有采取什么措施。父母可能会不安地想："他怎样才能管好自己的开销，支付各种费用账单，吃好、穿好呢？"但他们往往不能及时教孩子如何处理这些问题。等孩子长到 25 岁时，他们仍然生活能力低下，但这时候说什么都为时已晚。父母可以及早地训练孩子掌握生活技能，从而摆脱这种困境。表 8.2 列出了一些基本的生活技能。应该鼓励孩子帮助父母制订家庭预算、计划假期、购买健康食品，当然还要做一些简单的家务。

表 8.2　生活技能

类　　别	例　　子
财　　务	做好预算、管理好财务收支、控制好支出
健　　康	有规律地睡眠、锻炼、药物治疗（需要的话）、个人保健
营　　养	购买、准备和食用营养均衡、健康的食品
个人需求	购置舒适的衣服、住所和交通工具，管理好自己的收入
利用资源	在出现个人问题、医疗需求或汽车出故障时，知道去哪儿寻求帮助
个人保护	防止自己被别人利用、欺骗，被虚假广告误导

最后，专业技能也很重要，从事特定职业需要专业思考。每个孩子应该了解获得一两种技能会带来什么样的结果，如击鼓、制作三维动画、使用某种软件等。

对所有初入职场的年轻人来说，评估其所具备的专业技能是很常见的事情。通常情况下，这些年轻人对这项要求都抱着极为天真的想法。我记得曾与一个16岁的男孩交谈过，当问到他的计划时，他告诉我他想几年后成为海洋生物学家，他喜欢海洋以及"生活在大海里的所有生物"。他最喜欢的业余活动是深海潜水，雅克·库斯托（著名人文纪录片导演，其作品《沉静的世界》曾获戛纳金棕榈奖。——译者注）的纪录片深深地影响了他。在讨论过程中，我提到海洋生物学中要用到很多应用数学方面的知识，他不相信。他说："我不喜欢数学，我的数学成绩一直不好。同样，我这学期几何也可能不及格。"在很多初入职场的年轻人身上，我们都能看到这种缺乏特定的专业思考方法的现象。这个男孩需要好好想一下，如何在不具备高超的数学能力的前提下从事与海洋生物学科有关的工作，也许他应该下定决心学习并掌握深奥的定量分析技能。

提高技能

一家当地的会计师事务所的负责人这样评价他的一位雇员："苏菲看起来好像知道怎样做每件事，但她的努力缺乏闪光点，她似乎总是完不成任务。这样，她就很难体会到工作的愉悦。她主要负责处理税务工作，做事勤勤恳恳。但到处理交税事宜时，她又无法跟上工作进度。看来她根本无法专注于手头上的工作，而总是停下来思考每件小事，所以她根本谈不上有工作效率。"

在孩子们求学期间，要劝他们掌握阅读、写作和数学技能，或者学习吹奏单簧管和打篮球一对一防守的技能。随着时间的推移，要从两方面提高某些反复利用的重要能力：准确性和自动性。具备准确性，能够产生期望的工作结果，工作就能够顺利进行。然而，自动性的作用并没有那么明显。如果技能已经成为自身的一部分，可以不费力地随时加以运用，那么人们在思考或表达复杂的思想时，就可以同时应用那些必要的技能。学生在撰写人权问题的文章时，不用考虑"权利"一词的写法、大小写或标点规则，因为他们对此早已烂熟于心。

遗憾的是，大部分学生和相当一部分初入职场的年轻人的技能都没有自动性。结果，他们工作起来确实是速度又慢效率又低，他们的工作成果往往不如他们的思维过程精细。

调整技能

技能从来就不是静态的或停滞的。具备各种各样的技能是一回事，能否为适应变化的需要调整这些技能又是另外一回事。你可能很擅长阅读，但是你能看懂新发动机修理手册吗？你也可能善于学习，但是你能迅速开始使用某项新技术吗？你可能很擅长写作，但你能在创作出吸引青少年的广告后，马上再写出吸引 50 岁观众的广告吗？

适应变化的能力提高了职场成功的可能性。在整个职业生涯中，需求会变化，市场会变化，条件会变化，甚至工作职责也会变化。个人需要调整销售技能来推广新的产品线，或者可能需要改变进度报告以满足新经理的特别预期。在孩子们和青少年学习掌握技能时，要教会他们调整自己的能力以满足更大范围的需求。例如，读科幻小说、社论、技术手册、合同、税法、电影剧本和诗歌就需要不同的方法。让孩子们学会灵活地使用技能，将使他们在初入职场和以后的职业生涯中受益匪浅。他们要练习各种形式的写作（书信、剧本、论文、自由专栏文章），讨论针对不同读者所需要的不同的写作方法。

让工作的齿轮高速运转

在从事高效的思维工作方面，个人智力存在巨大的差异。有些人似乎装备了高效的工作齿轮，而有些人在做同样的工作时则需要付出更多的努力。初入职场的年轻人，如果工作效率较低，他们就会成为真正的心智负债者。要想摆脱债务，他们必须付出很高的代价。下面所论述的 3 个成长过程在效率培养方面起到了关键的作用：精力控制、条理性（组织能力）和战略思维。

精力控制

一位九年级的老师写道:"巴克几乎做任何事情都是虎头蛇尾。在考试、写报告、练习吹小号、做数学题时,他都打不起精神。可以看得出他的学习状态每况愈下,最终发展到了不可救药的地步。他自己明确地表示放弃了。他真的累极了。"

在《懒惰的神话》和《破茧而出》两本书中,我强调了14种注意力控制工具的重要性。随着步入社会的时间临近,学生必须像操纵波音777驾驶舱的操纵杆一样,有效地操纵这些工具。在这些控制工具中,有一套就是用来调整精力的。要集中注意力,需要调动能量供应。有些工作需要大量的时间,而且不能马上体验到工作的快乐。人类大脑的组成部分——网状结构激活系统和蓝斑,与大脑其他部分合作,负责为思考供应能量,从而能使一个人保持体力而不会觉得精神疲倦。如果有人说:"乔有好主意,出发点很好,但他从未真正地实施他的想法。"这时,我们不禁怀疑乔是不是缺乏精力。表8.3总结了4种基本精力控制形式。

表8.3 精力控制

控 制	描 述
机警控制	在新信息方面,能够动用足够的精力和集中注意力的能力
智力成果控制	在创造工作成果方面,产生和分配精力的能力
睡眠–清醒控制	降低兴奋度并迅速入睡的能力,以及加大兴奋度、投入工作并集中注意力的能力
连贯性控制	提供稳定的、持续旺盛(不是变化不定的)的精力的能力

在调整有效的脑力劳动必需的能力的流程方面,个体之间存在很大差异。有些人似乎永远精力充沛,能胜任任何工作,而有些人则觉得无法忍受艰辛的脑力劳动。有些人发现自己只能在白天(或夜里)精力旺盛;有些人似乎很随意地进入或离开某种控制状态,以至于老板和客户都认为他不可靠。有些时候,

有些人在很长的时间内都无法进入状态、开始工作或加工数据。这些青少年或成年人需要某种起跳板，比如别人先给他们的报告写个开头。

在工作中，有些人逐渐失去精力，而不是一下子就变得筋疲力尽。这属于缺乏坚持的慢性病，而且在完成他们所承担的任务时有一定的困难。

这种人的典型特征可能像下面的伊丽莎白一样。"我不理解伊丽莎白。她来精神时，工作做得比谁都好。她不乏才气，但你不知道她什么时候在状态。有时她来了，工作却做得一塌糊涂，根本没办法指望她自始至终完成一项任务。"这种缺乏连贯性的工作模式一般是在学生时代养成的。曾经不止一位老师这样评论她："她要下决心完成一项工作时，我看到她能完成得很好……但大多数情况下，她很懒，没心思好好工作。"许多这样的青少年在成年以后得出结论：他们得自己做老板，因为没人能忍受得了他们时常表现出的漫不经心，以及"三天打鱼，两天晒网"的工作方式。

考验智力成就的活动，主要是从事那些必须完成而又无法让人感到特别愉快的工作。我经常听到妈妈们抱怨："我儿子能连续几小时沉溺在电脑游戏中，周围的世界似乎都不存在了，他完全被锁定在小小的电脑屏幕上了。如果让他做社会学研究报告、数学作业，不到 10 分钟，他就没劲头了。你只能眼睁睁看着他的功课不断退步。"

开发最值得提倡的智力劳动成果需要时间。然而，在控制精力方面比较差的人，却往往希望马上看到成果。那些精力差又不稳定却又希望马上得到满意成果的人，往往会陷入这样的危险中，他们可能总是达不到专业水平，他们做任何事都达不到某种深度。为了在将来的职业生涯中得到回报，他们往往需要投入大量的精力。年轻人在初入职场的几年中，如果太急于求成，就会陷入危机，因为初入职场的几年间往往需要耐心等待。

通常，**取得成就需要经历 3 个阶段：最初的吸引阶段、不断地艰苦努力的阶段和获得满足的阶段**。第一阶段听起来可能是这样：拉尔夫想体验，"吹小号是不是很酷"，所以他租了一支闪闪发光的铜管小号，开始练习。第二阶段，严格、刻苦地练习吹小号的过程。几年艰苦的训练终于坚持了下来，进入了海军新兵训练营。最后等到了第三阶段，你总算有机会一显身手，在很受欢迎的爵士乐演出中演奏小号曲目。但很多人都熬不过第二阶段。他们的生活充满了最初的激情，然后就没下文了。记住，今天的孩子们成长在"快餐时代"：网络提供了可以瞬间得到的信息；流行音乐节奏短促，歌词简短，语言精炼；很多儿童玩的游戏也要求马上看到结果。持续努力直到获得成功已经不流行了吗？持之以恒已经过时了吗？

我觉得父母和学校需要给孩子们施加一些压力，让他们坚持自己的兴趣，这样孩子们就不会在第二阶段的艰苦练习中轻易放弃。表8.4提供了这方面的一些指导。

表8.4 帮助孩子在通往成功的道路上度过长期的艰难历程

采取的措施	例 子
减少练习（训练）的难度和频率而不是全部放弃	暂时减少上课的次数和练习的时间（不是每个人都能成为钢琴家）
在第二阶段预告第三阶段的快乐	在第二阶段设计和展示孩子的技能（可能在第三阶段才能出现）
提醒孩子或向他们表明他们在第三阶段将会很快乐，让他们看到隧道尽头的光亮	让孩子知道他们要去西班牙，使他们认识到能说特别流利的西班牙语有多么"酷"
从第二阶段中找出乐趣	记录孩子流利表达的分数，奖励孩子在练习时取得的成功
强调坚持和持之以恒的道德责任	告诉孩子放弃舞蹈班将会开一个不好的先例

控制精力对于培养有效的工作能力来说非常重要：我逐渐认识到学校应该教会孩子们怎样学习，而父母则应该担负起教育孩子如何工作的责任。工作能力的培养不可能全部在学校完成。在家庭生活中，父母要起模范作用。总之，日常生活的细节、成长的环境以及父母严格的要求，都是培养有效的智力所需要的土壤。在我们的文化当中，父母通常是娱乐的协调家，担负着娱乐后代的责任。但父母也应承担起一份兼职工作——做个严厉的监工。在作业或其他责任方面，要扮演善意的"独裁者"的角色，这要求从孩子六七岁时就开始训练。下面就是在发展孩子智力方面家长能做的一些事情：

从家里开始，提高孩子的做事能力

◆ 不管孩子是否有作业，要安排固定的时间从事脑力劳动（创建智力锻炼时间表），帮助孩子开始他的工作；

◆ 安排孩子做一些固定的家务；

◆ 作为孩子的顾问回答问题，但不替孩子做功课；

◆ 帮助孩子整理案头的文具盒、抽屉和文件夹等；

◆ 在孩子开始工作前，协助孩子组织／计划工作，写作业时排除干扰；

◆ 协助孩子分配好时间，分清主次以及制订进度表；

◆ 奖励或赞扬孩子的做事效率或创造性，而不是成绩单上的分数；

◆ 教会孩子分期完成任务；

◆ 如果工作过于艰难或枯燥，鼓励孩子不要放弃；

◆ 成为孩子的榜样。在孩子从事脑力劳动时，自己也要这样做。

有些人能在增强体力的同时，调动和保持最佳精力。我遇到很多孩子和青少年，他们宣称自己从来不想"被束缚在办公桌旁"。这些喜欢运动的人们追求的是直接的切身体验，而不是单纯的脑力劳动，脑力劳动只是学习的主要内容。他们所思所想的可能是将来要从事的职业，其主要特点就是需要充沛的体力，如户外运动和手工劳动。有些人工作时听音乐，这样能提高效率，这个方法值得一试。

心理学家兼教育学家米哈里·契克森卫哈赖和施奈德研究出一种称为"心理流"的方法，这种方法对工作非常有帮助。从事某项活动时，如果你目标明确，就会在工作的过程中产生即时反馈，这时就产生了心理流。"尽管任务很艰难，他还是能够成功地把它完成。"契克森卫哈赖引用了一个小男孩拧紧自行车链条的例子。这个小男孩知道他需要做什么，在拧紧链条的过程中，他不断得到反馈，直到确认链条是不是足够紧了。在执行有难度而又在自己能力范围内的任务时，孩子会感受到挑战。孩子们很可能在克服一系列困难之后觉得大有收获。在他们合著的《长大成人》(*Becoming Adult*)一书中，契克森卫哈赖和施奈德强调，青少年需要认识到，"不管是什么内容，只要是需要技能和约束力的活动，都要集中注意力。"

当然,成就感与集中注意力能够培养工作能力,从而产生卓有成效的结果。学校和父母要保证稳定地进行培养注意力的活动,在初入职场的几年中,这些活动可以引导孩子们获得成功。最终,这些任务既需要注意力高度集中又需要富有成就感,成功地执行这些任务,会带来工作上的满足感。

伊桑是一名19岁的大一学生,他曾憨笑着承认以前想找一份工作,但不想为这份工作付出太多努力。他解释道:"我从来没工作过,我怀疑自己是不是能工作得很好。当然我希望成功,但我想找捷径;我敢肯定地说我不想自己每天发疯地工作。"而另外一个大学生鲁本,在大学二年级就辍学了。我想知道他和那些所有像他一样的人最后的结果怎么样,他们是不是一帆风顺,是否能过上满意的生活?不过,我很怀疑这一点,因为这种可能性很小。

速度控制

很多初入职场的成年人踌躇不前,因为他们做事太慢了。他们老是落在后面,因为效率太低。要帮助做事速度慢的人,就要找出他们落后的原因。这其中可能有很多原因,比如注意力不集中,没有时间观念,缺乏自动性,检索信息慢,长期记忆力差,过分专注,将太多的时间花在细节上,不具备同时处理多项任务的能力,很难清楚地表达自己的想法,极端完美主义等。做事是否有条理(本章稍后有论述),这也有可能大大影响个人的工作效率。

认识到自己做事慢很有好处。找出工作慢的原因对加快速度具有特殊意义。例如,有些人记忆力不太好,就要准备好随时可供参考的资料。为避免陷入困境,过分强调细枝末节或没有时间观念的人应该使用秒表,这样他们就能在特定的时间内完成某项任务。另外,个人工作效率长期低下,就应该找份不太强调时间性的工作。

动力控制

在第6章中,我们了解了工作动力是如何影响孩子们规划未来的。但动力

也是工作能力的主要源泉，需要不断地加以培养。孩子们要看到自己努力就能得到回报的切实证据，在漫长的成长道路上，他们更需要鼓励和认可。

在学校生活中，功课会考验学习动力。我曾提到，家庭才是孩子们必须培养工作能力和习惯的地方，但是父母应该正确对待自己的孩子。例如父母和孩子在做作业方面产生矛盾，主要原因是孩子们字写得一塌糊涂，出现错别字，或由于粗心大意出现数字错误，还有完成阅读作业敷衍了事等。这时候父母要控制自己，不要动辄批评孩子，应该多表扬孩子做事的积极方面。

如果你觉得没办法取悦周围的成年人，你无穷的动力也就枯竭了。由于只专注于取悦同龄人，学生们往往会忽视生活中其他重要的细节，更多复杂的情况也就出现了。随后，成长的过程可能再也不会结出硕果，后果就是思想负债。**如果没有动力，重要的学习过程就会经历医学上所称的"废用性萎缩症"。**

增强条理性

在麦迪逊大街一家广告公司工作的第一年，一位助理会计师承认："我知道如果我做得更好，我的生活也将会更好。但我实在没办法按时完成工作，我觉得自己完全被工作淹没了。其他人好像工作得很顺利，但我总是落在最后，有时我并没意识到这一点，等到发现时已经太晚了。我完全陷入时间的漩涡里了。"

条理性是提高效率的最好策略，没条理的人很难有效率地工作。孩子们应该在成长的过程中养成有条理的好习惯，为将来必定会面临的大量工作做准备，**要养成四种有条理的习惯：时间管理、资料管理、分清主次、任务整合。**我们要用工具武装我们的学生，这样，在初入职场的几年中，他们就可以跨越障碍，取得良好的成绩。

时间管理

有些孩子和成年人似乎对时间的流逝没什么感觉。他们不知道需要多长时间完成工作，因此很可能很难按时完成工作，同时他们也很难意识到自己落伍了。很多在时间管理上出问题的人，很少能按照步骤有条不紊地解决问题，他们往往一次想做完所有的事情。梅莉莎已经 15 岁，但她做什么事都很慢。一家人出去吃饭时，家里人得等她没完没了地换衣服；或者晚饭都凉了，她还没打完电话。他爸爸说："梅莉莎根本不知道怎样按步骤做事。她复习考试时，我得给她制订复习计划。要不然，她就不知道该做什么，她甚至根本想不到要主动学习。"时间一分一秒地过去了，她却毫不担忧。她意识不到自己花了多长时间打电话；当别人告诉她，她已经花了一个多小时洗澡、换衣服，她都不信。下面介绍的步骤法，可能会对现在还在上学或已经参加工作的梅莉莎们有所帮助：

应用步骤法，养成有条理的习惯

◆ 清楚定义任务或计划；

◆ 设定最后期限；

◆ 估计完成工作所需要的时间（以小时、天或星期计算）；

◆ 列出要完成的任务（从最后期限往前推）；

◆ 按最佳顺序安排工作；

◆ 列出完成每一步工作需要的时间（以分钟、小时、天或星期计算）；

◆ 适当安排休息（留出工作间歇时间）；

◆ 监督进程（检查已完成的每一步骤和所使用的时间）。

步骤法不仅适用于学校生活，还适用于成年人的生活。但从小学起，孩子们就应该参加一些长期项目，他们应该按照时间流程模式递交工作计划；他们应该按进度递交报告，并且计算工期是延长了还是缩短了。

每周日晚上，父母要预先查看孩子未来一周的安排，然后准备好清单，列出需要做的工作和每项工作需要的时间。每天晚上睡觉之前，孩子要检查一天内所做的事情，他们也可以帮忙设计度假的旅程安排，设计工作和游戏的活动安排。一些孩子天生就有"时间管理"的概念，其他孩子则需要学习什么是"时间管理"以及怎样进行时间管理。

在成人世界，各个领域的工作都需要时间观念。在初入职场后，缺乏时间观念是职业生涯受挫的普遍原因。商业航空公司的飞行员必须按预定的飞行计

划到达机场；在全国境内运输的卡车司机，要预测什么时候能到莫林、伊利诺斯，然后取货运到西雅图；外科医生必须预定手术室使用时间；建筑承包商要计算搭起大楼构架可能需要的时间；杂志记者必须知道按时完成 8 月份的《好管家》(*Good Housekeeping*) 杂志约稿所需要的时间等。要求计划时间的事情不胜枚举。我们是不是已经帮孩子们做好了准备，使他们能够面对初入职场时无情的时间挑战？答案可能是否定的。

物品管理

大部分工作需要各式装备。学生要负责保管好自己的笔记本、教科书、练习本、钥匙、背包、手套和运动鞋，等等。有些孩子，还有许多成人，一旦面临需要处理大量物品的工作时，就被这项看似繁重的任务压倒了。把物品存放得杂乱无章的人，由于不断丢失和乱放文件，其努力工作的形象往往被破坏了。当需要某件东西时，他们很少能及时找到。物品存放没条理的孩子，他们的书包一定也乱七八糟，用订书机乱订三孔纸，铅笔在不知不觉中从书包里消失，作业本在上学的路上就不翼而飞。

想象一下：酒吧侍者不知道他把苏打水放哪儿了，出租车司机不知道把驾照放哪儿了，经常外出的人忘了汽车停在机场停车场的哪个位置了，监狱看守把牢房钥匙弄丢了……在这方面，有些人耗费很多时间，并由此产生很多烦恼，他们付出的代价则是工作的低效率、低质量。

我们应该帮孩子们从小培养有效的资料管理方法。父母主要负责这项工作，他们必须在孩子的桌上放上不同颜色的文件夹和贴好标签的盒子，保证每样东西都有固定的地方放置。每隔一晚，就花点时间整理已经零乱的笔记本、桌面、抽屉和其他存放工具的地方。即使孩子不愿意，父母也要在这方面起表率作用。

实际上，他们很可能根本没注意到自己零乱的书架。如果他们看上去无法变得有条理的话，我们就必须帮助他们养成有条不紊的习惯，帮他们创造秩序。但这时我们不能采用威胁的方法或说这样的话："你知道，我不会一辈子跟着你的。"关键是持之以恒。要记得把东西放在同一个地方。在一天的几个重要时间段，比如上班或上学之前，停下来问问自己："再看看，我今天需要的东西都带齐了吗？"

分清主次

一位大学生承认："我想我能毫不费劲地编写出一部关于如何浪费时间的手册。我花几个小时做那些不重要的事情，而且这些事情也没什么意思。我反而没时间做我真正想做的事情。"大部分孩子和大人根本分不清主次。他们之所以没条理，是因为他们没有或不能决定每天日程表上各项任务的重要程度。所以，他们把精力和资源都投入到那些可有可无或没有回报的事情上，却忽略了那些真正重要的事情。

过去，我曾与一位很有前途的年轻助教一起工作，他从来不错过校园里任何主题的讲座和研讨会，还参加那些他认为与他有关的会议。同时，他永远无法抽出时间来改试卷，写重要回信，交成绩单，还有写出研究资助申请书。他应邀撰写的稿子都压在抽屉里没完成。他是位思想家，思维敏捷，擅长分析，而且工作很勤奋。在他的学术领域，他无疑是位学者。但就是这位完美的天才学者，被学校拒绝继续留任，因为他的学术成就太少了。他不会运用分清主次这个工具，把大部分时间浪费在低产出的活动上。这也是为什么那么多人在职业生涯中碌碌无为的主要原因。**人们如果不能按照轻重缓急来做事，就会失败。**

学校和父母通常会忽略培养孩子们分清主次的技能。要教会孩子们按照可能获得的回报来划分自己的活动。他们要能区分哪些是有收益的重要事情（经常是长期而不是短期收益），哪些是不太重要的事情（虽然有意思但却没什么收益），哪些是一点也不重要的事情（可以忽略不计）。我建议父母和老师使用重要性程度评分体系，这样孩子和大人都能很好地利用这套体系。每隔一两个月，他们就评价一下各种活动的相对重要程度。使用简单的表格能够增强对此重要性的关注意识，同时保证孩子和成人在从事特定任务或追求特定目标时，决定投入多少时间和精力。另外，如果只是为了高兴或获得短暂的满足感，从事重要性较低的小事也无可厚非。

表8.5　重要程度表

任　　务	重要程度				时间分配
	很高	高	一般	低	

任务整合

　　如果某项任务由很多要素构成，就像精致的瑞士表是由不同的零件组成一样，那么，就要把它们组合在一起，进行校准，保证钟表走时准确。学生们通过一系列科学、艺术或社会研究项目的任务和子任务，开始职业生涯并不断调整自己，这个过程中不乏坎坷。让他们自己想出主题，决定需要的资源，查找所需资料，从中抽出他们需要的内容，然后把它们组装在一起，得出自己的观点或见解，决定如何最好地陈述他们的想法和收集到的事实，并应用到实际工作中等，这些都是很让人伤脑筋的事情。如果你同时从事多个项目，那怎么办？

　　整合多任务构件，构成了我称之为"项目心态"的组成部分，这种思维模式应该深深植根于所有孩子的教育之中。在学校的学习中，我们让学生清楚明确地学会整合子任务。在执行项目任务或准备重要的考试之前，应该要求学生先找出子任务。他们可以以环状图形式排列这些子任务，每个子任务下面列出一个任务清单。他们没有必要按照固定顺序完成所有的事项，而是可以不时地回到某个子任务，进行修改或润色，或者添加一些新的任务。这样，学生能够增强他们智力的敏捷性，组织所有动态的元素。工作表能帮助孩子和大人们在一个复杂的项目里同时应对多项任务，这种多任务的项目通常都包含了几个不同的方格状任务栏。青少年能使用这种方法计划毕业晚会，撰写关于白蚁的生物课学期论文，或者申请暑期工作。在成人世界中，建立这种项目心态会帮助你写出优秀的作品，计划并实施新的科学课程，发射人造卫星等。

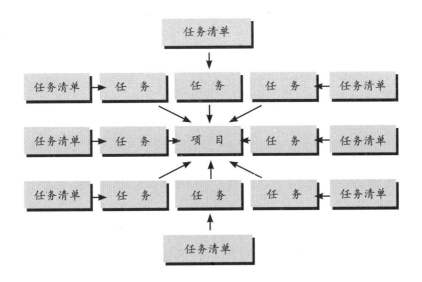

图 8.1　任务整合图

战略思维

有些人天生就懂得运用正确的方法。他们很聪明,做事深思熟虑,能有意识地使用技巧有效地完成任务。他们的策略就像助推火箭,充分调动产出,并能提高产出的整体质量。其他人则不知道停下来问自己一个至关重要的问题:"我们现在看看,做这件事的最好方法是什么?"他们不管三七二十一就做起来了,往往用的是很难的方法,因此,我称他们为"不懂方法的人"。

随着在校学习的进一步深入,学生们需要问问自己这样的问题:"这个,应该用什么策略?"制订工作计划时,应该鼓励他们清楚地说明希望使用的战略。例如,在参加化学期末考试之前,每个学生都应该交一份学习策略计划,这些计划要描述他们应使用哪些策略才能确保获得足够的信息,保证考试的成功。十一年级学生可能会列出下面的策略清单:

◆　我要找出关键问题是什么,考试会考什么内容;

◆　我要列出这些关键问题的清单;

◆　我要将这个清单反复阅读几次;

◆ 我要解答本章后面的习题；

◆ 我要自己想出一些问题，然后猜猜考试会问什么问题；

◆ 我要再看一遍作业，重新做一些化学公式方面的练习；

◆ 我要给弗兰打电话，她擅长化学，我们可以在电话里互相考考对方；

◆ 我要在睡觉前努力学习，早饭时快速复习一下。

这些学习策略都值得称赞。不管学生考试成绩如何，他正在成为方法学大师、战略计划制订者和思想者。这很重要，学校应该在考试的同时，也给学生们的战略思考打分。老师在注重学生答对问题和写出出色论文的同时，应该评估并奖励学生做事的方法。可以要求学生们交一份《我的战略计划》作为作业或考试内容。学生在考试之前应该交学习计划，就像飞行员交飞行计划一样，老师应给学习计划评分。

当问起很多学生怎样复习考试时，他们通常简单地回答："我嘛，就是把学过的东西复习一遍。"这根本称不上有什么策略。在他们刚工作的几年中，他们怎么能表现出战略计划能力？而在这一时期，战略性思考非常重要。

我们应该让学生认识到这一点：当面临巨大的挑战或在其他场合时，正确的战略方法都是至关重要的。表 8.6 列出了这些战略方法的类型。

表 8.6　战略子类型

战略子类型	可 能 的 应 用
自我营销	找出面试时的沟通方法
人际关系	决定与自己敬慕的人交友的方法
解决冲突	友好地解决与不满意的客户间的争议
推　销	找出推销自己想法和产品的好方法
人　事	为提职或获得新职位而活动
处理问题	找到处理压力和人际关系挫折的方法
任务导向	设计最好、最有效的方式，满足学术和职场需要

孩子们应该仔细研究这些战略方法，然后对每个方法都举出例子，写出或说出在这些例子中战略方法是如何应用的。养成进行战略思考的习惯能帮助孩子做好准备，将来成为成果丰硕的成年人，能够使他们奇迹般地具备自信、不怕压力和富有弹性等特点。

让成效思维硕果累累

成效思维这种脑力劳动能产生有用而又有意义的结果。这可能是某个创新理念，或是解决棘手难题的方法。成效思维可以分成3个存在部分重叠的过程，也就是有效的决策、创造性思维和头脑风暴法。

制定有效的决策

没人否认我们应该武装孩子的头脑，使他们成为有效的决策者。但是很多孩子和成人作决定时都过于冲动。他们没能够审视挑战，承认挑战的存在，然后让思想机器慢下来，考虑解决问题的最佳方法。如果能冷静地对自己说："嗨，这是我需要仔细思考的重要决定。"问题就解决一半了。

有些人做事不爱三思而后行，他们求助于攻击型行为——有时是口头的，有时会动手，有时只是吐吐口水或消极的攻击行为。当遇到有些困难的决定时，他们要么很容易自信地认为自己知道应该怎么解决问题，要么就像瘫痪了似的没了主意，不考虑中间道路。没有人在旁边提醒他们："这很难，你最好试着找到解决问题的最佳方法。"**对初入职场的年轻人来讲，冲动就像地雷一样，能轻易地粉碎他们职业生涯的基础。**

有效的决策者懂得如何以及何时慢下来反思。通过一整套步骤，他们找到满意的解决办法。有些步骤自动依次就位，决策者的内心呼声也可能帮助找出解决问题的其他步骤。应该鼓励孩子们依靠内心的指引，顺利作出决策。

有效的决策不可避免地是个多步骤的过程。它需要高度灵活的思考方式，给出多种选择供思考与决策。在这个过程中，人们会想起以前碰到过的难题，先前的经验和先例可对目前的决定有所帮助（即依靠模式识别）。在孩子们成

长的过程中，应该与他们讨论决策方法，使其明确。同时，孩子们需要把决策过程当做解决问题的过程，这一过程可以广泛地应用于生活和工作中。比如解决与女朋友的矛盾，选定报告的主题，决定联合国应该制定的中东政策，解决棘手的数学题中措辞的理解问题……刚步入成年期，有效的决策可以满足多种需要。你面试时想表现得很老练还是很单纯，是找工作还是回学校读书，选择能够表现最佳形象的服饰，决定衬托作用最佳的领带样式等。无论是成人还是孩子，学会下面的减速步骤，都会对他们成为有效的决策者有所帮助。

制定有效的决策

1. **该决策时就决策**（要知道何时作决策）。遇到挑战时，首先要做的就是花点时间好好思考一下。举个例子，一位很有抱负的软件工程师说："我的好友维吉尔创办了一家公司，他邀请我去工作，我是否要接受这份工作？"

2. **详细说明所要作出的决策的内容。**尝试描述遇到的问题以及由此带来的其他问题（通常使用这个公式："如果……那么……"）。例如，"这个机会听起来很令人激动。维吉尔很聪明，公司的前景应该不错。如果公司业绩很好，那么我的收入就有望提高。当然这有一定的风险，公司还没有足够的资金，暂时给我的工资会很少，但如果我有足够的耐心，那么未来升职的潜力很大，也可以挣到更多的钱。可是另一方面，我喜欢目前工作的地方，老板认为我很棒。但是很多优秀的人也在这里工作，要升职得等很长时间。"

3. **事先查看预期结果**。你要着眼未来，写下你希望解决问题的方法，或者一旦作出决定可能会产生的结果。例如，"无论怎么样，我最终不过是想挣更多的钱，让自己的职业生涯发展得更快。我也想自由自在地为公司创造出自己的产品。"

4. **列出自己的选项**。列出可供选择的最终决定。例如，"我应该接受这份工作，或者拒绝维吉尔的邀请，或者把这份工作邀请的情况告诉我现在的老板，看他是不是能尽快给我加薪或升职。我也可以原地不动，耐心等待，不冒被老板疏远的风险，或者我可以告诉维吉尔我想再等一等，在我决定接手新工作之前，我要观察一下新公司的发展情况。"

5. **参考以往的经验**。想象一下在以前的工作中作出的类似决定，你是怎么解决的，你的成功或失败的经验是什么。例如，"上次我得到某个新公司的工作机会，我决定不接受它，后来这个公司破产了。所以我最好谨慎点儿。"

6. **寻求帮助**。找别人商量，作些必要的调查研究，收集信息，这些可以帮助你作出决策。例如，"我要跟我妻子商量一下；她逻辑能力很强，而且，我换工作对她也有影响。"

7. **权衡利弊再决定**。你要分析优点、缺点或每种选择可能产生的结果。"我得算一下现在需要多少钱支付生活费和还债。我也不想墨守成规，在现有的地方静止不动，这很重要。我不想在 3 年后，感到自己现在做了一个很傻的决定。这会要我的命。我想要给自己留有余地，告诉维吉尔我需要几个月的时间考虑一下他给我的工作机会。"

8. 监控。评价最后作出的决定到底起了或正在起多大的作用。比如，"维吉尔的公司没再向前发展，我觉得松了口气，我很庆幸没那么轻易地接受维吉尔提供的工作。"

有些人可能更愿意使用"解决问题"这个词来描述"决策"。但我更喜欢后者，因为我们需要向孩子和大人们表明，有些需要系统考虑的不一定是"问题"。"解决问题"应该被看做是一种审慎的决策形式。其实，还有其他形式的决策，比如解除困境，在多种有利的方案中作出选择，运用良好的鉴赏力等，这些并不等于解答问题。运用有条理的方式思考的不一定都是问题。

可以按照这些步骤列出思维过程的顺序，它们可应用于生活中一系列的重要决策中。外交政策的决定、临床医学的决定、初入职场时重要的职业生涯的决定，都能应用这种渐进的方法。

这种方法也可用在普遍存在的道德抉择中：我是否应该请病假，这样我就可以去海边度假？我是否应该告诉几何老师昨天我考试时作弊了？我是否应该盗用从互联网上找到的这条信息？我是否应该用我在公司内得到的信息

从事内部交易？有效的决策比掩盖问题或突然作出冲动的决定要好得多。在应该作出决定的时候，教会孩子们怎样识别决策带来的挑战，这将涉及很多内容。就业准备不足的年轻人在初入职场时，很少具备系统地进行重大决策的经验。

创造性思维

每个初入职场的年轻人都愿意有所贡献。有些贡献来自于新颖、独特的个人想法。当他们能够自由探索时，这种创造性思维就像火箭一样发射出来。原创思维居于核心地位，创造性过程也包含其他的特征。表8.7列出了这些关键的要素。

表8.7 创造性思维的要素

要　素	说　明
流畅／多样化的思维	允许思想自由联想，自由地探索，可能孕育新锐的思想
在大脑里"擦黑板"	尽量不要有大部分或所有先入为主的观念，使思想回到纯净的状态
冒　险	愿意尝试危险的处境，并想出可能会受批评的想法
自主／独立的想法	愿意处于社会边缘，也许会质疑现状、传统规范或价值观
发现和运用媒介	找到传递创造性活动的方式，比如某种艺术形式或某种交流方式
训练和专业	掌握上述形式或方式，通过创造性活动练就专业熟练程度

在初入职场的几年中，认识并能推广自己的创造力，将产生巨大收益，因为它可以为公司或组织作出最大贡献。它也是个人激情的潜在积蓄。如果遇到最使你激动的情况，这种强大的吸引力就会成为值得信赖的指南针。

头脑风暴法

头脑风暴法能促进创造性思维和决策。如果你愿意花时间进行开放式思维，头脑风暴法就使用得很频繁。开放式思维很少开始于预先设定的答案，而是让思想自由涌出，然后决定抛弃或提炼什么思想。我们可以这样描述这种自由进行的、反复试验的思维过程："我看看能想出什么主意，怎样才能使这个主意变得更好？"例如，在构思新书或新文章的标题时，我愿意坐下来，泡杯咖啡，拿支铅笔，在崭新的黄色便笺上快速写下脑子里涌出的各种方案，其中有糟糕的想法，也有颇具潜力的想法。我试着想出一些"出其不意"的想法，一旦这种想法出现，我就试着围绕它构思出各种衍生的想法。我仔细审查每个想法，决定是不是到了需要全面更新它们的时候了。如果有时觉得没什么新意，最好把它放在一边，然后过一段时间再回来看看。

有时，最好把头脑风暴法分成几个阶段。在每个新阶段，可以重新审视以前的想法，于是又会带来合成新想法的机会。

头脑风暴法的步骤

1. 确认需要；

2. 想出尽可能多的满足需要的方式——把思想表达出来；

3. 记下涌入脑海的各种想法；

4. 仔细审查、详细说明每种新想法；

5. 想出基于某种想法的其他变种，进一步完善这些想法；

6. 基于这些变种再想出其他想法，并进一步完善这些想法；

7. 定期重新审查、增加、提炼各种想法和它们的变种；

8. 休整一下，利用多回合的头脑风暴法；

9. 检查清单，重点注意那些重要的候选想法；

10. 讨论每种最佳想法的优点和缺点；

11. 选择最能满足第一步里所确认的需要的想法；

12. 安排时间回顾、核实所选方案，有时需要征求外部意见。

表8.8　"头脑风暴法"工作表

想法序号	想　法	变　种
1		
2		

　　不管你是否意识到，头脑风暴法在创造性思维和决策中都是很重要的步骤。一位富有创造性的诗人需要运用头脑风暴法，想出诗词中各种可能恰当的词语。软件工程师可能需要运用头脑风暴法设计出最好的程序。

　　更有效的头脑风暴法要求两个或更多的人合作，提炼想法，并达成一致。无论哪个年龄段的学生都需要这两种经验：单独头脑风暴法和合作头脑风暴法。在学校时，孩子们定期填写头脑风暴工作表，以证明他们思想的丰富性和灵活性。这种训练能帮助孩子们摆脱以前的思考习惯，即只满足停留于出现在脑海中的第一个想法。

让思维活动转变为工作成果

　　创造性思维的目的就是为了圆满完成工作。必须有明确的结果，或者是产品，或者是以某种形式结束某件事情，比如达成交易或解决矛盾。形成创造性思维能力是做好就业准备的关键性成长过程。

　　要想成为富有创造性思维的人，孩子们可能需要帮助。在我的早期职业生涯中，我的老板、波士顿儿童医院的玛丽·埃伦·埃弗理博士，曾经给予我高深的指导。我记得她描述的所谓"承诺和承诺综合征"现象。埃弗理博士注意到，前来就诊的患有该综合征的病人们都述说了他们酝酿的宏伟计划和想法，但她从未看到他们的计划所带来的成果或他们实施了其中的某个计划。这就是为什么创造性思维应作为工作心态的一部分：通过项目，能帮他们把想法变成现实，从最初形成概念，直到最后完成。

工具使大脑日益聪明

装备上述创造性思维、头脑风暴法等基础性工具有没有最佳时期呢？尽管孩子自接受教育开始到成人期一直都在使用这些工具，但有证据表明，11 岁～ 20 岁才是装备这些工具的最佳时期。这个年龄段的人，其大脑的结构和功能正趋于成熟，这就意味着此时装备这些工具时机最佳。特别是有 3 种变化形式与此密切相关：大脑皮层的白色物质的延伸，修剪未充分使用的神经细胞和神经细胞连接，大脑前额叶区域的发育。在此，我们仔细分析一下这些最新发现的现象。

通过使用先进的大脑成像技术，神经科学家最近研究证明，11 岁～ 20 岁，大脑皮层从主要是灰色物质演变成主要是白色物质。在这段时间内，一种叫做髓磷脂的白色柔软物质覆盖着许多延伸的神经细胞，这种物质就像电线周围的绝缘层。结果证明，髓鞘化 (myelinization，神经细胞及其树突和轴突被包裹一层髓磷脂的过程。——译者注) 是对大脑中使用最频繁的细胞的奖励，它使大脑中的神经传导更快、更有准确。想象一下，要把乡村的土路铺成柏油路，显然，交通最繁忙的路段就是人们的首选。这也同样适用于大脑。也就是说，通过髓磷脂，工作的那一部分大脑细胞得到加强。同时，也出现了修剪过程，那些很少工作的细胞被修剪、删去，这样就可以提高那些繁忙工作的细胞的效率。它具有重大的意义，这意味着我们需要在孩子 11 岁～ 20 岁保证他们着重发展并使用一生中都需要的最好的思维习惯、思维技巧和思维工具。如果他们没有好好利用某些重要的工具，这些工具就会被修剪、删除。如果他们一直浪费时间，可能会在大脑中建立起错误的模式。父母和学校要决定好为孩子修建的大脑路径，然后再让孩子通过积极而频繁的使用来铺设这些路径！

大脑前额叶的发育是另外一个关键过程，这个过程开始于孩子 11 岁时，并

一直延续到 20 岁以后。这个区域使得孩子们在思考时能慢下来，向前看，预见一下他们行动可能导致的结果，在决策前思考可供选择的方案，注意自己目前正在怎么做，利用以前的经验指导判断、决策和行为。换句话说，成熟的大脑前额叶可以使人们三思而后行，免于冲动行事。随着这种能力的增强，孩子们可以在适当的时候学习并运用决策、策略以及本章中提到的其他大脑工具。

显然，这些神经科学领域的发现应该增强我们的决心，**我们要保证使青少年学会使用未来职业生涯成功所需要的工具。如果我们不能系统地做到这一点，那么目前的就业准备不足的流行病将会恶化。**

第 9 章 协 作

沟通技巧，建设团队

刚毕业的时候，我对办公室里的明争暗斗一无所知。我天真地以为自己不会遇到这样的事情，但现实世界并不像我想的那样。

B. W. 25 岁

"我跟你说，我儿子弗雷德里克读书肯定找不到感觉，阅读、拼写和那些跟学习沾边的事儿都不行，但我要说的是：他是你能遇到的最好的孩子。"弗雷德里克的爸爸这样评价他的儿子。他住在北卡罗来纳州，离我的农场很近。看得出，他说这话的时候充满了爱意。弗雷德里克性格很好，渴望升入十年级，但学习很吃力。他父亲说得没错，他确实很有个人魅力和号召力，知道怎样表现自己，怎样让别人喜欢自己。从长远来看，这种能力对于事业的成功，比拼写、发音和地理知识的精确程度更加有用。

弗雷德里克的性格非常外向，他在与人交往的过程中能让自己和别人都获得满足。斯科特·塞伯特和玛丽娅·克雷蒙专门研究影响成年人事业成功的性格因素。他们认为："性格外向与事业成功关系密切，与加薪、升职以及职业满意度都呈正比关系。在外向性格与事业成功的外在表现之间所发现的正比关系，与以往职业发展研究的结果是一致的。就成功的内在因素而言，外向型的人可能显示出这样的总趋势：对外界的变化，包括职业状况的变化反应积极。如果出现他们不喜欢的职业时，外向型的人及时进行调整的可能性更大。"

初入职场的几年里，人际关系的建立是艰难而无情的。每天你要面对性格各异的人，其中有既能伤害你也能帮助你的人，还有一群吹毛求疵的"观众"，如顾客、委托人、竞争对手和你的面试考官等。是否能尽早取得成功和得到认可，主要取决于跟你有工作关系的那些人对你作出的坦率的评判。而这些反馈意见主要来源于主观印象，有些是公开坦诚的，而有些则是背地里、不公开的。

像弗雷德里克这样的年轻人生来就擅长建立人际关系。另外一些人的职业道路则坎坷得多，他们不适应那些需要处理复杂人际关系、与客户频繁接触的工作。对于那些在社交常识和行为举止上被误导的人，这些工作可能不适合他们。

我在《破茧而出》一书中描述了社会认知神经系统的发展。社会认知是指一整套语言表达和非语言表达的过程，它使人们能够成功地进行交际。在校园生活中，社会认知对是否能体验到学习生活的乐趣起着至关重要的作用。如果说在职场中社会认知有什么不同的话，那就是随着职业的变动，社会认知的重要性增强了。成人和孩子一样，渴望得到友谊，友谊也能使他们得到更好的发展。但职场中的社交生活与学校中的人际交往是截然不同的。**在社会交往中，成人一定要懂得怎样吸引不同类型的人，和他们建立长久的关系。仅仅有快乐的性格和炫目的魅力是远远不够的。**

初入职场的年轻人既面临着建立长期信任的压力，也需要能够巩固工作关系的方法，所以你可能会这样对同事说："我觉得你在使用这个软件时，可能需要我的帮助。如果需要帮忙，请随时给我打电话。"当然，说这些话的人要信守承诺。成年人需要掌握说服、协调和谈判等技巧，能使来自不同文化、民族和家庭背景的客户、同事和上司感到你似乎站在他们一边。你可能需要重新调整你的社交风格，适应众多观众的需要。这种范围更广的沟通，与青少年时期形成的小圈子、帮派、运动队和俱乐部的关系不太一样，那些团体往往是有同样背景和同样兴趣的年轻人寻找知己的地方。

和在晚会上有所不同，职场中的人必须要进行有效的沟通，给周围的人留下好印象。换句话说，仅仅做个帅哥或温婉的淑女是不够的，你需要让人觉得你有能力，而且值得信赖。在大学校园里，有知识、靠得住，注意自己的为人处事，处处表现出才干，这样的人未必受欢迎。然而，如果在职场上具有这些品质，那些来诊所就医的病人或者会计所的客户就可能会对这种专业和可靠的职场氛围有良好的反应。

有些初入职场的年轻人有这样的错误想法：在大学里，舞会上的扮酷技巧曾给他们带来过许多好处，所以现在这些做法也同样适用在职场上。他们以为这样能使他们得到认可，取得信任。但情况已经完全不同了，这些 20 多岁的年

轻人表现出了仍然困在青春期的症状。有人在工作中能有效地与人交往，但实际上却是一个不太合群的人。要在职场中传递强烈的社交信号，和同事们打成一片，这取决于3个成长过程的培养：沟通、建立联盟和声誉管理、政治行为。我们接下来详细分析这3个成长过程，以及在学校期间的培养方法，以便对就业做好充分的准备。

沟通快车道

在准备撰写此书的过程中，我曾有幸和一位在大公司工作的、经验丰富的首席运营官交谈。我问他能否指出周围年轻的管理人员和销售人员普遍存在的弱点。他说："很容易，因为他们根本不知道怎样去沟通。开会时，他们没办法让别人准确了解他们的想法；在与客户交谈时，他们没有意识到自己在疏远别人，他们有时看起来很冷漠，甚至给人一种居高临下的感觉，尽管他们可能并没有这种意思。他们没有办法给潜在的买主解释清楚，我敢肯定他们一定使公司损失了大量的生意。我搞不懂的是，为什么这些受过良好教育的年轻人就没学会怎样说话、怎样写作呢？"

我们正在经历沟通危机吗？我想是的。在学校生活中，能够清楚地表达和写作会给我们带来高分；在整个职业生涯的不同时期，这些能力也会给我们带来巨大收获。所以我们要让孩子们学会在适当的时机准确地表达自己，特别是让他们能够运用两个最常用的沟通工具：思想表达和语言推销。

思想表达

一位十一年级的英语老师曾这样评价她的学生："桑德拉并不缺乏美妙的主意，但她在班里太沉默了。不知道什么原因，她很难把自己丰富的想法表达出来，可能是因为她表达自己想法时需要的时间太长了。在班里，她有时看起来非常害羞、拘谨，然而她和朋友在一起时却显得很健谈，也很自然。"如果桑德拉不能突破这种局限性，这种沟通上的困难可能会成为她一生发展的障碍。能够表达复杂思想是从事各种职业所必备的前提条件。不擅长表达的人如果选择教师、销售员、诉讼律师或政治家作为自己的职业，那就是入错行了。在实际上，所有工作都要求某种形式的有效沟通。很多人在20多岁的时候，在从青少年时期迈向社会的过程中停滞不前了，因为他们的沟通障碍没有在青少年时期得到解决。

在人的一生中，要把很多复杂的想法转换成容易理解的表述，这样我们就能跟客户和同事进行轻松的沟通。从某种意义上说，每个人迟早都要成为推销员。清晰地表达想法能够很容易地推销自己和自己的想法；同时，有说服力的语言也能够使别人认同你的想法。孩子们要积累丰富的话语经验，才能让别人了解自己的想法和观点。不要教孩子重复使用"我去年夏天做什么"或"为什么我喜欢读那本书"之类的话，他们应该清楚地表达出"我们如何保护能源"或者"为什么不该用动物做实验"。用语言为自己坚信的事物进行辩护，能大大提高语言表达能力，同时也增强了自己思维的逻辑性。

我们看到，现在儿童和青少年的语言表达水平大幅下滑，可以说出现了"语言表达饥荒"。太多的人不能发表精彩的演讲，尽管他们日常聊天时语言流畅，喜欢与亲密朋友彼此调侃，说些很富节奏感的语言，而一旦在正规场合使用正规用语却有困难，很勉强。然而这些正规用语，作为精炼的语言，对形成和表达复杂的思想和准确的观点非常重要。只要听听青少年讨论抽象的概念或新闻中的重大事件，就会发现他们实在太缺乏这种正规语言了，他们的谈话听起来就像在电话里与朋友聊天一样。

在课堂讨论时，经常会发现学生存在明显的语言表达不准确、不流畅现象：他们的表达时有停顿，出现大量的语气词，如"嗯"、"唉"、"哦"、"是吧"、"那个"之类的话。在表达更深邃的思想时，你就会听到他们语言的齿轮发出嘎吱嘎吱的响声，他们的语言实在是太贫乏了。掌握词汇和适当的句子结构要花费大量时间。作为旁观者的你会感到一阵冲动，恨不得派一支"语言表达急救队"，向每个结结巴巴的发言者的喉咙里"注射"适当的词语。

孩子们要多练习口头表达，总结接触到的大量信息，详细阐述自己的观点。他们要学会解释自己所了解的事情以及他们的真实想法。让人难过的是：孩子们成长在"反语言"的文化气氛中。他们喜欢的课外活动，大部分都是不需要语言表达或者很少使用语言表达的。网上聊天用语、流行音乐歌词以及互联网

上传播的语言，都是极度简约和高度浓缩的沟通信息。过度沉溺于电脑游戏、滑板、体育赛事之中，不能培养、刺激并丰富语言的产出。在工作中，很多初入职场的年轻人无法以令人信服的方式推销或辩论自己的观点。这种口头表达的缺陷通常也反映在不流畅的写作上，形成连锁反应。表 9.1 列出并解释了语用表达法的作用，这些表达法在日常生活中经常使用。

表 9.1　工作中常用的语用表达

语用表达的作用	说　明
说服和推销	让别人接受你的想法、产品和你自己
形成想法	把"自言自语"作为形成和加强想法的方法
书面表达	记录和发展自己的想法
建立和维护人际关系	培育友情和合作关系
自我训练	通过艰苦挑战指引自己的发展道路
给予忠告	帮助别人应付困难并获得成功

在一些孩子和成人中，害怕在公共场合和半公共场合发表演讲，已成为越来越普遍的恐惧症。事情本来不应发展成这样。整个学生时代，所有的孩子都应有足够丰富的机会练习语言表达，同时参加课堂讨论。他们应该先拿到要讨论的问题，这样才能够提高自己语言表达的流畅性和准确性。要大力推动教育制度的改革，提高学生语言表达能力，帮助学生认识到准确表达想法将有助于促进思维。人们可以通过谈论自己的想法来完善这些想法，因此，说和写也是思维的方式。下面是我们对孩子们开发语言表达和沟通的能力所提出的建议：

开发语言表达和沟通的能力

1. 让学生认识到锻炼读写能力和表达思想的能力的重要性；
2. 讲解沟通用语和书面用语的不同之处，鼓励孩子们使用完整句式，详细阐述他们的想法，尤其是关于他们感兴趣的主题；

3. 要求学生们经常在学校练习演讲；老师要布置大量的说明文写作练
   习，内容要涉及不同学科；

4. 鼓励经常写作并不断修改；

5. 让孩子们练习总结经验，总结电视节目、书籍以及新闻时事的内容；

6. 给孩子们创造辅导低年级学生的机会；

7. 让学生们用自己的语言描述他们是如何做这些事情的（比如解答很难
   的数学题，给足球比赛评分，自己挑衬衫，解决与朋友之间的矛盾）；

8. 教学生辩论和争辩的技巧；经常和孩子进行说服性对话。

上面 8 条建议能够也应该在孩子的家庭和学校的整个教育中得到实施。注重语言思维训练和表达，将会帮助孩子们对未来就业做好充足的准备。

语言推销术

职场上经常要将解读和推销术结合使用。一般情况下，这两个过程需要同时进行：销售人员必须说服客户认可产品的价值，同时说服她购买。人们每天都在用语言推销自己。员工要和同事和平相处,如果语言表达只会令同事疏远你，而不是被你吸引，实际上，职业危机就不可避免地出现了。

一位在证券交易所工作的思想敏锐的行政助理这样说："不管威廉什么时候开口，似乎都能让周围的人疏远他。他老是说些不合时宜的事情或笑话，完全不顾场合。我有时都替他难为情，他似乎意识不到他的话对别人的影响。每次他签下一家大客户时，他就会向其他所有交易员宣布他的胜利，口气十分傲慢。当然，其他人可能有点嫉妒，但威廉老是这样，谁也受不了，也许他自己并没意识到有什么不妥吧。就连他的顶头上司，公司副总裁，也无法忍受他。"

威廉的前程岌岌可危，因为人们的谈话方式决定了他们能维持一个较好或是较差的工作关系。一些社交构成要素是非语言性的（比如身体语言中表现出的不安、面部表情和手势等），但语言信息构成了人们社交的主要沟通渠道。许多孩子和成人天生善于与人交往，他们表现出了完美的人际交往技巧，成为社会交际大师和顶级的语言实用主义者。其他的人则要在别人的帮助下，才能理

解人际交往的复杂性，但我们不能想当然地认为他们自己能认识到这一点。

孩子受同龄人排斥的现象并不少见，大人们也觉得他"完全没有社交技能"。和威廉一样，"每次开口，阿伦都能让所有听得见他讲话的人疏远他。这孩子就是管不住那张臭嘴。"阿伦的爸爸这样说他儿子。阿伦和其他孩子一样，说话方式听起来让人反感，他的话充满敌意、傲慢而且语无伦次。这样的孩子总是摆出一副十足的要吵架的架势，虽然他们的本意并非如此。或者他们根本不顾周围人的价值观和喜好，说些不合时宜的话。比如在第一次见到老板的妻子时讲黄色笑话，就很不合时宜。但语言表达能力有问题的孩子和成人意识不到他们在说什么、对谁说以及说话的方式，他们的话语就像杀虫剂那样无情地驱散人群。

在青少年时期，有些年轻人在社交方面很成功，但在职场中，他们却不能有效调整自己的人际交往能力，他们给人的印象就像还没长大的少年。有时候他们不能根据观众和场景的变化改变自己的语言模式。一个初入职场的纨绔子弟极其随便、超级扮酷的做法，无法赢得老板的欢心，因为老板已经 62 岁了，极其传统，对人持以严厉的评判态度。

那么有效的社交语言包含哪些内容呢？能赢得听众的一个重要条件，就是在你的话语中投入感情。假如希望或需要对别人提出的某个想法表示出热情，那么你说话的音高和节奏，你使用的那些富有感染力的语句，以及你说话的抑扬顿挫，都会被听众理解为你对这个想法的赞同。"你的主意太棒了！嘿，我也想成为这个项目的一分子，这确实符合我的兴趣。"这个回答跟那些矫揉造作、心不在焉的青少年的反应形成鲜明的对比。当被问及是否愿意帮助设计春季露天音乐会的布景时，他会这样回答："我想好吧，我想这次我能帮你做。"这种漫不经心的语气和不太热情的回答一般会被人理解成有点自鸣得意，其实这种语言的背后隐藏的真实意思是，他非常高兴和感谢别人给他这样一个难得的机会。然而，听起来好像他并不愿意帮这个忙。他只是不能用语言表达积极的感情，所以他同事自然认为他很孤僻，不能珍惜同事间的合作或友谊。实际上，他渴望跟人相处。他在社交时的谈话方式容易让人产生误解。

与此密切相关的是，情感配合是语言的语用功能之一。如果有人觉得难过，在你表达同情的时候，你的声音和语言就要显得难过。有些大人和孩子不能恰当地传达情感，他们永远无法恰当地表达自己的情绪；他们语言传达的情绪是不和谐的感情，就像指甲刮黑板时发出的那种刺耳的声音一样。当你的经理和市场营销专家精心筹划商场的冬季促销活动时，你千万不要扮演小丑的角色，不要讲不合时宜的笑话，也不要讲炫耀你智慧的双关语，至少这时不是时候。

社交的另一个层面是选择恰当的谈话主题（主题选择），包括要知道谈话时多长时间比较合适，要把握何时、如何使用幽默，想出恰当的语言赞美、安慰或鼓励别人，使用跟你谈话对象相称的恰当的语言代码（语码转换）。这就意味着你跟老板谈话时不能像跟密友闲聊一样。听起来似乎很简单，可很多青少年和成年人分不清不同的社交场合的细微差别。

表9.2总结了一些主要的语用学术语。我的经验是，那些有语言语用障碍的人很少意识到他们的缺点，他们应该认识到他们讲话的方式会让别人疏远他们。至少他们应该正视这个问题，从周围的人那儿得到定期反馈。在他们说话时的用词或谈论的主题、语音、语调和语言代码给人际交往带来困难的时候，人们应该及时地给予提醒。存在语言语用障碍的人确实需要专业人士给予训练与指导，但目前这些需求常常被忽略或忽视。

表9.2 语言语用功能

功　能	说　　明
准确地传达感情	使用正确的用词和语调，避免愤怒、敌意或不适当的语言
情绪配合	谈话的方式要与周围人的情绪相配合
换位思考	判断和监控听众的需求和反应
语码转换	说话方式要因人而异，这取决于你与他们的关系
主题选择和维护	选择说什么，说多长时间
幽默规则	懂得在何时、如何以及是否需要幽默
沟通监控	观察别人对你说话的反应，作出相应调整
会话技能	沟通中采用你来我往的会话方式，而非独白的方式
赞　美	沟通中让双方都感觉良好

好声誉，好团队

要想开创一份事业，仅有语言技能是不够的。初入职场的年轻人还需要具备敏锐的洞察力，运用恰当的社交手段打造合作性和建设性的团队。要想建立团队合作同盟，初入职场的年轻人又该做些什么呢？首先，要树立一个能够让大家认可的形象，让自己的个性和行为模式传达出一种可接受和可接近的信息。

塑造个人形象

声誉管理在求学和职业生涯中都是生存的技能。别人的评价对你的地位和工作效率都有很大的影响。你塑造的形象是建立声誉的重要因素。从一开始就树立积极的形象至关重要，因为名声一旦确立起来，就很难改变。

初入职场的年轻人必须超越心中尚存的那点对扮酷的迷恋，学会给人留下严肃、正经的印象。

青少年的形象

◆ 无拘无束；

◆ 在虚张声势时又彰显自信；

◆ 带着些许冒险和叛逆；

◆ 紧随潮流；

◆ 外表装扮得与众不同；

◆ 拥有舞蹈者般令人满意的形体；

◆ 成为一个集团或社团的成员；

◆ 有幽默感或玩世不恭；

◆ 体格具有迷人的魅力。

职场年轻人的形象

◆ 扮演该扮演的角色；

◆ 传递专业技能；

◆ 追求适宜的消遣；

◆ 外表富有魅力；

◆ 拥有倾听与分享的能力；

◆ 具有同情心、关爱与亲和力；

◆ 可靠、诚实与值得信任；

◆ 有幽默感，为人谦逊；

◆ 分享权力，协作共进；

◆ 充满热情，一诺千金。

那些天生就会自我推销的人，很擅长精心设计自己的形象以及恰到好处地进行自我推销。但人们如此脆弱，无论是孩子还是初入职场的年轻人，似乎都容易在不经意间把工作搞砸。

青少年时期的形象塑造会持续到大学阶段，但是沉迷于扮酷技巧却往往适得其反。在进入成人时期，青少年能改变他们已经形成的推销自己的营销战略吗？很多人似乎能改变，但有些人没有改变或者不能改变。

初入职场的年轻人必须表现得尽职尽责，随时愿意撸起袖子，干一番事业。他要控制自己吹嘘的欲望，表现得尽可能谦逊，表现出愿意学习、成长，愿意接受监督。他要显示出对上司的忠诚，不要再表现出对成人世界的蔑视，因为他现在就处在成人世界之中。他必须培养自己的专业技能，要在谈论自己知道的事情时给人留下深刻的印象，穿着也要得体。所以初入职场的年轻人必须要问自己："我想成为学者、对时装精通的人、艺术家、慈善家，还是技术专家？"他必须抛弃青少年意识中那些过时的形象分类，如书呆子、土老冒、预科生、运动员、傻瓜或超酷花花公子等形象。

每个人都很难了解别人到底怎样看待自己。无论是青少年与同学和老师的交往，还是雇员与同事和老板的关系，要想知道自己做得怎么样确实是一种挑

战。初入职场的年轻人必须对工作中别人怎么评价自己这一点特别敏感。要养成习惯，静下来观察别人怎样看你做事及对此作出的反应。"我是不是太直率或者太咄咄逼人了？""别人是不是觉得我很专横？""工作忙的时候我很粗鲁吗？""我要更果断些吗？"如果与人相处的方法不对，而自己又意识不到，初入职场的年轻人可能会面临重重困难。

开拓个人市场

一旦初入职场的年轻人决定为自己设计特定的形象，下一步就是定位或创造对他所能提供的东西的需求，并确定与什么样的人结盟。在学校，这些组织是以小集团或有共同兴趣的学生团体（运动员、乐队成员、电脑游戏迷、滑板爱好者等）的形式出现。成功参加到各种社团中既能提升自己也能保护自己。孩子们渴望寻求归属感，有些人愿意牺牲一切得到这种归属感。加入小团体最糟糕的结果就是，青少年可能会对学校功课和家庭生活失去所有兴趣。

最近"城市部落"现象引起了人们的兴趣，其成员主要是一群初入职场的年轻人，他们下班后或周末聚在一起消磨时光。这样的归属感能提供安全感，特别对那些在起步阶段有困难的初入职场的年轻人，他们还搞不清自己的身份，也不知道生活的方向。

在职场中也会形成小团体。在工作中形成牢固的联盟关系，有四种能力和行为模式很重要：控制、协作、适度竞争与解决冲突。

控　制

人们在什么情况下觉得应该完全控制并主宰他人，独自控制整个局面？无数青少年因为凡事都以自己为中心而受到同学批评，这种自以为是自然会引起同学的不满。同样的动机也会阻碍在年轻人中结盟。通常情况下，最有效的方针是不要试图主宰联盟，不要总是采取明显的咄咄逼人的方法控制联盟。另一个极端就是盲从，无论团体规定什么都盲目地同意。这些"小绵羊"最终会失去其他队员的尊重。在忍不住企图控制联盟和完全听命于联盟的意志之间，存在一种适度的社会控制。作为团队成员，每个人每时每刻都能决定他是否太武断或太消极了。

协 作

定义自己的位置和发挥的作用，构成联盟的强大组合。每个联盟成员应该认识到自己能为联盟带来什么，或者能从联盟其他成员那儿学到什么。为了积累良好的协作记录，学生或初入职场的年轻人应该清楚地描述自己和别人在组织中的实际或潜在作用。他们应该愿意分担风险、责任，分享团队成功的荣耀和失败的苦涩。有些青少年喜欢不停地出风头，他们喜欢做主角，成为舞台的中心，让聚光灯都照在自己的身上。这样没人会愿意站在他们一边，支持他们。

在初入职场的几年中，协作技能可能为今后两种重要的收获播下种子，这就是"关系网"和"领导能力"。当一个人能够积极地与人合作，他的"关系网"就会越来越多，远远超出他的工作圈子。他拥有了一种影响力，并从自己不断扩大的影响中得到满足，充当领袖的机会就会接踵而至。这一切都是从良好协作开始的。

适度竞争

竞争是交际过程中很普遍的又令人困惑的因素。很多青少年从运动竞技中学会竞争技巧，其他人则可能为了争取获得高分、领导机会或更受欢迎而变得更有竞争性。这里的技巧是如何使竞争显得不那么明显、残酷。竞争欲望如果太明显，可能会伤害到你最亲近的盟友，而这些人本可以帮助你成功，它也可能增强别人挫败你的欲望。青少年要有机会讨论并思考他们应该在哪些领域，以及为什么竞争。他们需要区分对社交有益或有害的竞争。他们需要认识到过度的自我吹嘘、语言和肢体的攻击、欺骗和故意破坏别人的工作都不是有效的竞争方式。

有些孩子和初入职场的年轻人患上了竞争恐惧症。这可能会使他们变得保守，不愿冒任何风险；也可能会使他们在生活中失去动力，至少在表面上，不

愿涉及存在激烈竞争的工作领域。后来，他们都会惊讶地发现实际上竞争无处不在，因此，最好学会适度的竞争。

解决冲突

世界上没有任何关系是完全亲密无间的，每种持续的人际交往都有隐藏的瑕疵，因而，交际的重要工具之一就是处理僵局和争执的能力。僵局和争执在长久的人际交往过程中会不可避免地出现，对孩子和成人来说，不借助语言、肢体攻击或者暗中的消极攻击来解决冲突是一种挑战。

熟练的冲突处理和谈判技巧能解决职场冲突，巩固工作关系和友谊。特别是冲突的和解主要靠谈话来达成——首先说服自己，然后再说服那些与你发生冲突的人。语言调节是人际关系的顶级润滑油，有时能完全消除摩擦。有时孩子因受到挫折而发狂的时候，家长会让孩子休息一下，到别处玩玩，直到冷静下来，再回到谈判桌前。

成年人也应该知道怎样在冲突解决中利用暂停的方法，这就像宣布停火一样。最聪明的解决冲突的人，是那些懂得妥协艺术的人，这些人知道怎样达成协议，他们能决定让步的尺度以及应该坚守的阵地。我们应该通过角色扮演和研究真正的冲突案例教给孩子谈判中的妥协技能。擅长谈判的青少年就拥有了职业生涯中随时可以使用的财富，而那些时时面临冲突的人将背负沉重的心智债务。

有效解决冲突的技巧

◆ 放慢脚步，考虑备选方案；

◆ 避免攻击对方；

◆ 灵活思考（不固执己见）；

◆ 谈论存在的分歧；

◆ 主动承认错误（最后的社交策略）；

◆ 妥协、让步；

◆ 必要时道歉。

职场也要巧用政治技巧

在学生时代，不管学生们是不是通晓人际政治，他们都会被卷入政治活动中。校园里上演着永无休止的有意或无意的权力游戏，扩大自己影响的活动，还有试图得到重要人物垂青的努力，这些重要人物能深刻影响你的现状和前途。因此，青少年首先要认真对待学生领袖们，因为他们有能力影响其他学生对你的看法，他们会使你的生活其乐无穷，或是苦不堪言。所以如果忽略这些人，可能会是很危险的。另外，如果你碰巧幸运地成为无所不能的时尚创造者，要有足够的领悟能力知道如何维持这种权力。

为了在父母那儿争宠并得到想要的东西，大部分孩子已经在与兄弟姐妹的竞争中成长为玩弄激烈政治冲突游戏的老手了。有时我不禁这样想：在孩子们成长的过程中，家庭内部的不断争斗可以看成是成年生活的战场的预热。

但青少年时期的政治斗争远远不止这些，许多成功的学生很清楚，要搞好与老师和教授的关系，就要学会讨他们的欢心。这种斗争决不会减少，而是会一直延续到步入职场以后，那时，年轻人照样遭遇政治斗争。令人悲哀的是，有时甚至具有悲剧色彩的是，很多初入职场的年轻人在政治上天真幼稚，对于即将进入的政治竞技场一无所知，这很危险。因而，这些毫无防范的年轻人很容易受到伤害。在我的儿科培训结束时，我的一位指导老师这样评价我："智力巨人，制度侏儒。"意思是说，虽然我智力超群，但对人际政治却一窍不通。当时我根本没拿他的话当回事儿。现在我领会他的意思了，要成功，仅仅靠知识渊博，努力工作，提供高质量的产品或服务是远远不够的。**要让别人喜欢你，你就要表现出你喜欢那些你想让他们喜欢你的人，这就是政治。**

政治技巧在整个职业生涯中至关重要。阿兰·德波顿在他的《身份的焦虑》(*Status Anxiety*) 一书中，强调了政治行为在追求职业生涯发展中的作用。要在组织中发展自己，不仅需要工作能力，正如作者所指出的那样："**升迁之路与工作表现的关系是很偶然的。成功地爬到顶峰的那些人，可能并不是那些任务完成得最好的人，而是那些掌握了政治技巧的人，而这些技巧是无法在日常生活中学到的。**"因此，初入职场的年轻人学习政治行为学是十分重要的。

人际政治自修课

表9.3列出了一些在自学政治技巧时要注意的问题，能够帮助年轻人度过早期的职业生涯。年轻人初入职场，一般是在一知半解或不太了解的情况下处理这些问题的。表9.3中给出的答案，很显然不会是绝对正确的，但是这些问题值得引起重视，因为它们构成了敏锐的政治思维的核心问题。经常问自己下面这个问题很重要："我目前面临怎样的政治形势呢？"

表9.3　初入职场时的人际政治技巧自修课

问　题	可　能　的　答　案
谁是我要取悦并希望留下深刻印象的当权者？	我的导师、老板助理、首席运营官和人力资源部的那些同事
做什么才能取悦他们并使他们对我记忆深刻？	早上班、晚下班、多做工作、忠实于他们
我如何才能保证始终站在他们那一边？	上面的答案，多重复几遍
我怎样才能让他们认为我尊敬并崇拜他们？	向他们提出合适的问题，适时地赞美他们
我怎样做才能做到支持我的同事，安慰他们并赢得他们的信任？	赞美他们，帮助他们，与他们交往
我怎样才能发展我的支持者（同盟）？	信任其中一部分人，尊敬他们，赞美他们
我有哪些能提升我地位的竞争优势？	我很精于细节，长于宣传，善于解决问题
我怎样运用我的竞争优势而又不得罪人呢？	我小心翼翼，不吹嘘，也不告诉别人我是多么努力地工作
我怎样知道我政治得分的高低呢？	寻求反馈。我说话的时候会仔细注意对方的表情。要注意谁想跟我吃午饭

对孩子们和初入职场的年轻人来说，要怎样做才能养成积极自我检验政治技能的习惯呢？我希望看到孩子们在学校的时候就有人教他们职业政治学。表9.4对高中生提出了同样的基本政治问题。

孩子们能够从经常撰写关于自己的政治分析的文章中获益。应该要求每个学生计划一些虚拟的活动，如吸引客户、涨工资或得到提升、赢得奖励，或为

172

某项事业争取支持者。如果能这样做，政治反思就能成为一种习惯，这种习惯在青少年步入职场之后会不断完善，将来一定能收获颇丰。

表9.4 学生版人际政治技巧自修课

问 题	可能的答案
谁是我要取悦并希望留下深刻印象的当权者？	我的老师、一位学生干部，以及其他两个颇有人气的学生
做什么才能取悦他们并使他们对我记忆深刻？	向老师们提出有用的问题，放学后去看望老师，表现积极；成为、协助和支持学生干部
我如何才能保证始终站在他们那一边？	不断尝试协助和支持他们
我怎样才能让他们认为我尊敬并崇拜他们？	征求意见，寻求帮助，让他们知道我崇拜他们
我怎样做才能做到支持我的同学，安慰他们并赢得他们的信任？	交朋友，和他们一起吃午饭，邀请他们与我一起做事
我怎样才能发展我的支持者(同盟)？	加入团队或俱乐部，成立委员会，做事就像领袖一样
我有哪些能提升我地位的竞争优势？	个人魅力，俊美外表，运动技能，计算机技能
我怎样运用我的竞争优势而又不得罪人呢？	帮助别人，不吹嘘，说些谦逊的话
我怎样知道我政治上得分的高低呢？	看看是否有人给我打电话，老师对我的评价是否很好，有没有同龄人邀请我参加聚会

培养外交手腕

一旦一个人对自己的地位和需要有了现实的认识，他就能够找到保持和增强在政治领域的影响力的方法。这样做需要磨练外交手腕，运用经过深思熟虑后的策略。他需要了解哪些工作关系需要加强，哪些关系影响较小，哪些关系目前处得不错。这样他就能瞄准重量级人物，在与他们的交往中，精心设计，让别人觉得他忠诚，尊敬别人，能力强。他还可以判断他应该怎样做才能最好地支持这些重要人物的事业。这些行为也可能包含获取利润的动机，利他主义的使命，或者对名利的追求。这就是外交手腕，是为职场生涯做准备的必备要求。

工作关系巧维系

法国存在主义哲学家让-保罗·萨特曾写道:"他人就是地狱。"我们太容易被别人专横地控制,从而失去自由和自我。初入职场的年轻人要注意与人交往时有可能受到严重伤害。他们也必须意识到,只要成为善于交际的人,就能防止这些伤害。

关系维系是一个持续的过程,我们通过直接的经验不断地学习这一过程。随着对这些经验的解读,我们不断修正并使我们的交际风格多样化,以适应不断变化的需求。只要有意识地培养和督促自己,就能在人际关系的维系方面获得长足的进步。

第三部分　择业要趁早

——父母、老师、职场新人三管齐下

除了尊重和宽容，父母还需要做孩子的职业教练，但应该仅在孩子明确地提出这种要求时才提供建议。即使在那时，父母也应该避免说教，避免表现得过于自信，或轻率地提供过于简单化和预言性的建议。最为重要的是，父母必须充当孩子专心而又富有同情心的听众。

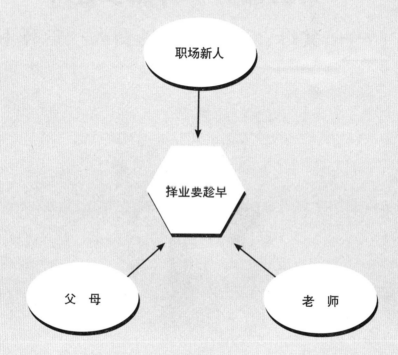

第 10 章 父 母

敢做孩子的职业教练

缺乏志向严重限制了我的发展，使我无法在工作中取得更大的成就。父亲一直对我很失望，因为我把自己拥有的技能和能力仅仅用在满足自己的快乐上了。而父亲成长的时代则要求一个人尽最大努力地供养家庭。

D.M. 28岁

下面一段是我和阿黛尔·斯通的电话访谈摘录，斯通夫人是我的患者克利福德的母亲，她儿子患有轻微的注意力障碍和语言障碍。

斯通夫人：列文医生，谈到养育克利福德，我一直想弄明白我是否真的清楚自己在做些什么。

列文医生：您是什么意思？

斯通夫人：我是说这些天他在学校表现好多了，看上去也开心了很多。他的自尊心增强了，在家和在学校时能较好地集中精力。但你知道，他仍然很费事。他总是需要别人的注意，渴望有满车的新玩具，尽情地娱乐。他总是支配他人，直到自己能随心所欲或者使我们让步为止。

列文医生：哦，你知道这在他的年龄阶段是很正常的。

斯通夫人：是啊，可我们付出那么多的时间和精力，我们一直说想让他高兴，我们害怕惹他不高兴。

列文医生：我想这是个"度"的问题。你们不应该对他有求必应，你需要设立一些硬性的限制。

斯通夫人：我们努力这么做，可他仍然从我们这儿和别人那儿得到很多东西。大多数时间，他几乎是完全以自我为中心，自己玩得很开心。他很可爱,很讨人喜欢,甚至老师们都一心让他开心(其他学生也是如此)。我一方面高兴地看到他在大多数时间里如此开心,另一方面又觉得如果他得到的没有这么多或受挫感多一些的话,可能会好很多。我知道这听起来很糟糕,但他的童年不能再这样继续下去了,否则他以后很难有所成就。如果你孩提时就已得到这么多的话,成年时还会有什么期盼呢?**满载欢乐的 20 年又怎能让你做好准备应对接下来 50 年的现实生活呢?**

列文医生:我很同意你的说法,斯通夫人。我们面临的挑战是帮克利福德在玩乐和学习之间找到一个平衡点和最佳的组合方式……

在养育孩子的过程中,这种组合由许许多多的成分组成。这些成分往往成对出现,成对的成分必须达到平衡以产生正确的组合。以下是我总结的一些最有影响、最具挑战性的组合:

表 10.1　正确的组合

成　分	平衡成分
赞　扬	批　评
纪　律	自　由
父母的干涉	自　助
自由游戏	固定活动
休　闲	工　作
文化同化	文化隔绝
个人活动	集体活动
与成人交往	与同龄人交往
家庭生活	家庭外的生活
综合能力	专业喜好／技能
形　体	头　脑
现　在	未　来

赞扬与批评

正面和负面强化的正确组合能使孩子们茁壮成长，他们需要觉得自己表现好，也需要有鉴赏力且具有建设性评判力的观众。他们的父母就是最具影响力和启发性的观众。我见过许多从心底里认为自己让父母失望的孩子，当他们成年后刚刚参加工作时，可能会背负前面所描述的严重的心智债务。孩子知道父母爱他，可他们也需要感受到父母对他们的尊重。他们应该经常无意中听到父母向亲戚朋友夸耀他们，这将为他们人生道路提供动力、激励和带来乐观的情绪。

表扬并不排斥建设性的批评，但负面的反馈必须巧妙地表达出来，应该更多地涉及将来而不是过去。"乔，从现在开始，你应该按时在晚饭后开始做作业，在睡觉前抽出一部分时间来做点其他的事。"批判性的评论应作为严肃的建议表达出来，而不是作为责备或显示出对孩子的不尊重。诸如"你永远一事无成"之类的说法是应当避免的。

纪律与自由

在第 2 章中，我曾指出在父母中存在这样一种日益增长的趋势：他们惧怕自己的孩子，尤其是青少年，这些青少年通常夺取了家里的权力。家庭内的混乱对谁都没有好处，因此，父母应努力避免过度担心不开心的孩子可能会做出不利于他们自己的事情。恰恰相反，过度的放纵更有可能导致自我挫败的行为。父母在家里必须控制局势，即使是冒着使孩子烦恼或暂时疏远孩子的风险。

这种权力结构建立得越早越好。当孩子快 15 岁时，才想要制订一套新的管理政策似乎为时已晚。一位父亲曾告诉我在他孩子小的时候，他经常告诉他们："看，你们现在生活的这个家并不民主。你妈和我有我们自己的做事方式。等你长大时，你可以成为你自己家的主人。"只要实施得当，孩子就会需要而且想要这样的约束。实际上，约束能使他们感到受重视、受保护。孩子会把约束当做父母关心爱护他们的证明。

在为参加工作做准备的过程中，儿童和青少年需要看到，随着时间的推移，他们得到了日益增多的权力和自由。理想的情况是，应该事先安排好，循序渐进地放松对孩子的管制。比如，青少年应该知道，两三年后，夜晚一定时间后不许外出的限制会逐渐放宽。

有时，父母必须退一步，允许孩子自主沉浮。尤其是在家庭作业方面，父母与他们争论得越多，孩子就会越抗拒。对父母来说，这就是个妥协的信号。如果孩子没能交上作业，孩子必须自己应对由此产生的后果。这种策略性的妥协会使尽职的父母心碎，但如果他们不想让孩子成为他自己的头号敌人，那么这种策略是必要的。有些青少年从让父母烦恼，甚至可以从在家里引发夜间的争吵中获得一种异乎寻常的权利感和满足感。这种戏剧性事件会起反作用，是破坏性的，父母应拒绝卷入到这种争吵中去。同时，不应让孩子感到被抛弃，父母应让孩子清楚地知道，当他因家庭作业和其他的教育需求而需要咨询时，他们随时都乐意帮忙。

干涉与放任

孩子需要用以往的亲身经验来应付刚参加工作时和随后的日子里遇到的困难，以及生活中出现的种种恼人的小难题。他们面对挫折时，必须有很强的适应能力，因为生活中总是不乏大大小小的危机。当孩子面对困难时，应从与困难的对抗中学习，吸取经验教训。父母在决定是否救助处在危机中的孩子的时候将面临困难的选择。通常，答案应该是父母只提供一些建议，不用真正自告奋勇地替他们解决困难。妈妈应该先帮她 14 岁的孩子想象应该对老师说什么，或者如何对付那个在校车上欺负他的同学，而不是马上找老师或同学的父母。有时，孩子可能需要从父母那儿得到使用暴力手段的主张，但那应该作为最后一招。如果孩子长大后缺乏自己的一套应对难题的策略和解决冲突的能力，这将是一件可悲的事情。

自由时间与固定活动

在有关头脑风暴法的讨论中，我们提到了孩子过度程序化所存在的认知危险。在给孩子提供几乎任何形式的课程或由成人控制的娱乐方面，父母应收起

他们的热情，给孩子预留时间，让他们自然而然地即兴发挥。这是培养孩子的创造性思维、独立性及主动性中至关重要的组成部分。钢琴课和集体体育运动虽然是有意义的活动，但当它们完全凌驾于自由发挥之上时，就会抑制一些必要的成长过程。因此，正确的组合是十分必要的。

工作和玩耍对于孩子的心理健康和成熟来说都是必要的，两者都是孩子学习的渠道。但所谓的"闲散时间"是没有价值的，在那些间歇里，人们既没有获得乐趣也没有任何收获。在文集《长大成人》的一篇短文中，珍妮弗·施密德和格兰特·里奇写道："闲散的青少年的特点是既无创造性又无乐趣，并且通常会感到自卑。以这种不愉快的、注意力不集中的状态度过大量的时间，不可能促进积极的发展。"作者发现那些把一天中大部分时间用于闲暇活动的青少年，在未来的工作中很难开创出一条道路。看电视，与朋友闲逛，听音乐打发时间，上网聊天等，都是闲散的表现。父母应当尽其所能地减少孩子的闲散时间，尽量将其替代为更富有成果的休闲和工作活动。

孩子的游戏应该包括探索的丰富机会。伊娃·施米特－罗德门和弗雷德·方德雷塞可研究了他们所说的"青少年的探索行为"并得出结论，认为帮助孩子培养广泛的兴趣是很重要的："我们的确知道探索活动是显示人是否能与环境相适应以及职业选择是否正确的最主要的预兆之一。鉴于多数人把一生中大部分时间用于工作，在工作中获得的满足与人的健康和幸福感息息相关。"让孩子参与音乐、艺术、体育、生物以及政治领域的活动，在某种意义上尝试培养他们的兴趣，看他们是否可以继续从事这些活动，这是很有道理的。

休闲与工作

没有人会提倡用"只工作不玩耍"的方式来教育孩子。我们可能正面临一场急剧蔓延的青少年享乐主义的风气，他们变得越来越不满足。越来越多的孩子怀有一种强烈的需求，渴望在醒着的每时每刻都能得到愉快的刺激。工作和玩乐之间是否存在无序的不平衡呢？那是很有可能的。

在本书前面的章节中，我主张建立学校的目的是教孩子如何学习，而父母的工作则是教他们如何生活和工作。在文集《长大成人》中，凯文·拉森德、

玛丽·埃伦·卡罗尔和莫利·佩琳·黄报告了他们的研究情况,并得出以下结论:
"在当今的社会氛围中,父母很少教给孩子成年工作时需要的工作技能。而家庭
在使孩子适应未来的社会工作而应尽的职责中,应包括安排孩子的教育,使他们
接触到成年后找到称心如意并且有创造性的工作所需要的价值观念、动机、态度
以及期望。"日常工作、实践和地点必须是家庭教育中不容商榷的方面;在这些
问题上保持得越一致越好。在表8.4中,我推荐了父母可以让孩子工作的方法。
再强调一下,正确的组合是很重要的。童年应该是充满欢乐的,父母面临的挑
战是帮助孩子努力工作、开心玩耍,但不能让孩子做的每一件事都有玩乐的成分。
他们不应该因为洗碗无趣,就觉得洗碗是不公平的,或觉得做乏味的功课是一
种侮辱。享乐主义的孩子在刚参加工作时很难适应工作中遇到的小困难。毕竟,
刚参加工作时是很辛苦的,绝不是没完没了地玩游戏。

过滤流行时尚

在一定程度上,人是所处的文化背景的产物,这种背景包括两部分,一部
分融合了宗教、民族及种族的同一性,另一部分则包括孩子成长环境中的社会
规范。我们不想让孩子肤浅、狭隘得无法欣赏其他文化的价值与美。无论从事
何种职业,孩子们都需要与来自不同背景的人有效地交往。

受大众文化的影响,孩子们被迫使、被引诱着追随最新的流行时尚。父母
应在什么程度上禁止孩子盲目接受这些影响呢?是否需要保护孩子不受商业剥
削呢?父母是否应该评判孩子兴趣的价值或潜在的危害呢?我想应该。这通常
意味着需要设定一些约束。如果孩子被最新的电子游戏迷住了,他可能需要摆
脱由于长时间操纵遥控器而导致的认知迟钝。阅读、谈话、做富有想象力的游
戏、建造模型以及参加运动,都要比玩电子游戏更有利于培养识字能力和社交
能力。不过,要想成为自己所属文化的可靠、忠实的公民,孩子有必要适当花
点时间玩玩游戏。当孩子过度迷恋上网聊天、滑板、最新的电视剧和其他难以
抗拒的潮流时,要立刻限定这些活动的时间。其中的许多活动都能提供即时的
满足,这可能会导致青少年讨厌必须持续不断地工作才能得到延迟的回报。

个人活动与集体活动

在《领导头脑》(*Leading Minds*) 一书中，霍华德·加德纳博士指出，无数卓越的领袖懂得如何在社会的边缘寻求生存和发展。跟一些迷恋同辈而且可能因此变得平庸的青少年不同，他们中的许多人并未觉得必须要在同辈中受欢迎，成为同龄人的中心人物。那些平庸的青少年迫不及待地要加入某个团体，甚至除此之外别无他求。在最坏的情况下，这种现象会使他们忽略自己的个性以及那些能使他们成功投身工作的内省。

迷恋同龄人不同于与他人分享价值观念和兴趣，后者是个人发展的一个至关重要的部分。父母应该对他们十几岁的孩子强调平衡他的小组活动和自己兴趣的必要性。他们应该一起把能归入这些类别的活动列出来，并且找到矫正两者之间极端不平衡状态的方法。

交往不分年龄

在其著作《成人幸福的根源：孩童期》(*The Childhood Roots of Adult Happiness*) 一书中，内德·哈洛韦尔博士谈到了联系在正在成长的孩子生活中的重要性，包括与家庭的联系、与过去的联系、与朋友的联系和在群体中与自己的联系。他强调孩子需要和邻里社区建立联系。作为他们建立联系过程的一部分，正渐渐步入成年岁月的孩子需要进入成年人的世界，学会与成年人沟通，研究他们并且与他们建立有效的联系。在前面的一个章节中，我曾指出许多孩子仅仅认同他们的同辈，他们很少或没有与老师之外的成年人交往的经验，而一些孩子或许只把老师作为主要的评估员。

过去，孩子们从他们的长辈那儿学到一些关于成长的极为重要的经验教训。孩子应该能和老师或近亲之外的成年人交往，这样做，孩子需要学习与成年有关的事情。他们可以和包括直系亲属之外的亲戚、邻居、店主、父母的朋友、朋友的父母、社区其他可信赖的成年人建立有意义的联系，并且父母应该经常分享他们关于成年生活的故事和领悟。如果父亲与雇员、顾客或同事之间存在问题，那些问题也许能成为绝妙的晚餐谈资，这样实际上能使孩子充当共鸣板的角色（看看他们对此事的反应），与此同时，也让孩子了解到职业的现状。父母可以让孩子了解他们在工作中遇到的挑战（包括过去的和现在的）。有客人或亲戚来时，一定要让孩子们留下来和成人一起吃饭，这样第二天早晨就可以坦率地谈论那位客人或亲戚，每个成人都可以成为孩子课本中的一个简短的章节。

当前，许多孩子和青少年很可能从朋友那儿或从电视广告中获取大量的信息和价值观念，因此，**一定要让所有的孩子通过"研究"大量的成人，以及学会和各种各样成熟的心智进行很好的交流，体会到成人工作的痛苦和欢乐。**

家庭内外

孩子需要感觉到被关爱，需要感觉到自己是家庭中不可缺少的成员。正如罗伯特·弗罗斯特在他的诗歌《雇员之死》(*The Death of the Hired Man*) 中所言："家是这样一个地方，当你必须去那里时，他们必须接纳你。"如果孩子在家中感到忧虑，他们就会觉得生活似乎崩溃了。不幸的产生，有时是由于孩子怀疑自己是不是属于家庭的一员。我见过无数由于父母和孩子失和而产生这类问题的案例。这种案例的出现可能是因为性情的不相容或者是长期的个性冲突，或者孩子的神经发展特征、兴趣和优势与父母的步调很不一致。

孩子应逐渐认识到他的家庭不止是一群他爱的人，而且是一群可以依赖的合作者。尤其是，父母应该通过做他们探索活动的伙伴来加强与孩子的联系。孩子和父母应该一起参观和谈论历史胜地、工厂、博物馆和动物园。我们经常把学生的实地考察和学校联系在一起，如果家庭成员也能参加进来，可能会更有意义。在这样的远足活动中，全家可以谈论那些地方的有关的人，可以思索他们工作的实际状况。许多研究表明，父母在帮助孩子从事探索活动和培养探索精神方面起着巨大的作用。对青少年来说，这种探索行为预示着未来工作将更具有目标和方向性。家庭生活也可以包括对孩子学业上的敏感和支持。父母应对学校每天发生的事表现出强烈的兴趣，应该向孩子学习，允许他们谈论在学校刚学到的新知识和技能。父母需要为那些在学校奋斗的孩子强烈呼吁，确保老师了解他们的能力或性格并因材施教。对某些不能适应学校教育模式的孩子进行家庭教育运动，挽救了许多脆弱的孩子。当然，这种做法只能作为最后

的一招，因为在真正的孩子世界里，学习是儿童教育不可或缺的一部分。

父母也可以与孩子合作，分享他们的兴趣。合作项目，如园艺、修理电动割草机、照顾动物，都是帮孩子认识到辛勤工作和玩乐之间联系的很好的方式。孩子也需要安排家庭范围之外的生活。随着时间的推移，他们将不得不越来越多地寻求外部世界的认同，学习如何利用外部世界的资源。外部世界包括朋友、老师、老板以及他们需要交往、合作的其他人。那些过度受家庭保护的孩子，有出现严重的就业准备不足的危险。那些因同龄人影响而莫名其妙地终止了和父母的亲密关系甚至和父母断绝关系的孩子，也是如此。应该寻求家庭纽带与价值观、工作和学校团体之间的正确组合。

专才和全才

在努力培育一个合格的孩子的过程中，父母需要关注两种表现。他们必须以寻求综合能力、专业才能和个人兴趣的正确组合为目标。综合能力，例如阅读、数学和运动技能（如骑自行车）；专业才能和兴趣，如养羊、演奏乐器或利用废弃物品创作动物雕塑。父母必须带头帮助孩子发现自己的个人喜好，那些部分隐藏的才能有时能够发展成孩子长大后的爱好和专业，而且还有可能发展为孩子终身的职业。

综合能力包括 12 个成长过程（6 ~ 9 章），父母在培养这些能力方面也承担着极其重要的责任。父母可以通过定期讨论孩子显露出的特征和能力以及心智中需要注意的部分，来培养孩子的内省能力，认识到孩子多么迫切地渴望得到父母的尊重，因此任何此类的谈话都应该用正面和乐观的语言表达出来。父母应该经常推测孩子将来有一天步入成年时会如何利用他的才能和兴趣。父母也能帮助孩子培养解读的能力，可以通过丰富的餐桌谈话和驾车旅行中的交流进行。在家里可以帮孩子培养很强的运用工具、手段的能力，提高他们的工作能力、组织技巧和评判思维能力。后者可以通过理性的消费，比如让孩子帮忙决定买什么样的电视机最好，共同评论一则广告或政治演讲来进行。最后，父母应该积极培养孩子的交际、协作能力。他们应与孩子一起谈论在与同龄人、兄弟姐妹和老师交往过程中出现的各种难题。父母可以做孩子最有效的社交指导老师。

身心都要健康

孩子应该身心健全。我们可以培养孩子健全的身体，同时也必须保证他的心智处于健康状态。但要同时做到这两点是非常具有挑战性的。孩子从行动、装饰和健身方面可以得到什么程度的满足？体验到智力成长的乐趣可以达到什么程度？有时两种方向之间存在严重的不平衡。有些孩子痴迷于我所说的"视觉运动迷恋"，他们迷恋在空中快速移动的物体。其他人则迷恋于体育运动，心智的培养似乎和他们毫不相干，他们可能勉强忍受正式教育。还有一些孩子开始把自己看成是时尚偶像，把大量的时间用在长时间的自我美化活动上，这种自我美化活动即使不会贯穿一生，也很可能会持续到成年生活中。

非常用功的孩子惯于久坐，于是失掉了参加体育运动所能带来的社交上的益处、团体体育活动中影响性格培养的因素，以及由于对自己的形体感觉良好（并非自我陶醉）而带来的情感方面的益处。他们很有可能因超重而不得不忍受肥胖症所带来的身体和精神上的负担。运动和身体的自我满足能大大鼓舞孩子增强自尊（对成人也是如此）。最后，保持体型对每个人的身体健康是非常重要的，也是就业准备充分的一个至关重要的因素。

现在与未来

一些孩子从对未来的梦想中获得巨大的乐趣。他们通过一些虚构的游戏，可以尝试不同的成人角色。在小学高年级期间，儿童经常模仿青少年；在青少年时期，他们则花费相当多的精力模仿老练、经验丰富的成年人。这些都属于正常的探索和实践活动的一部分。

许多青少年缺乏远见，父母应该鼓励他们进行长期的观察。理想的状态是，青少年应经常到父母的工作单位看望父母，在家中讨论不同的职业道路以及可能带来的一切。父母可能需要指出这样的事情："回顾过去的十年，很显然你一直都喜欢动物。直到今天，你在骑马时或与狗玩耍时似乎最开心。你有没有想过你的这种兴趣可能会影响你成年时的职业？你可能会当兽医，或许你照顾动物的兴趣会转化为照顾人的兴趣，所以你可能会做个儿科医生或护士。"换言之，

父母应该帮助孩子寻找生活中不断重现的主题，帮助他们找到方法把现在和过去的部分生活与未来联系起来，甚至可能预测未来。

当谈论孩子的未来时，父母应持乐观主义的态度，而且不应没完没了地说教。只是说"假如你努力学习，就能……"可能效果不大，大多数孩子会对这样的劝告置之不理。另外，父母需要抵制望子成龙的诱惑，尽量避免让孩子直面高高在上的梯子，虽然这是他获得成功必爬的梯子。"如果你在中学表现好，就可以进一所最好的大学；如果进了最好的大学，就可以上最好的法学院；如果从最好的法学院毕业，就可以进一家最好的律师事务所；如果在最好的律师事务所工作，就可以挣更多的钱，以后甚至可能找到一份更好的工作，比如成为上诉法官什么的。"类似的"爬梯子"的谈话会传达所有错误的信息，可能会泯灭孩子的志向。过度地强调攀登的困难会使得目标显得难以实现。

相反，父母在谈论未来时应努力不损害现在的利益。应该把成年的成功描述为富有吸引力的、可以实现的、可以考虑和计划的趣事。父母还应该告诉孩子实现目标的过程并不像攀登一架危险的梯子，实际上，它是一种极大的乐趣。这样的灌输才能使孩子正确地思考现在和未来。表 10.2 总结了各种各样的正确的组合，并给父母提供了一些有关如何形成最佳组合的建议。

孩子没做好就业准备，你该怎么办

没有什么比亲眼目睹自己的宝贝孩子在 20 多岁时随波逐流、一事无成更让父母痛心不已的了。刚成年的孩子由于这个年龄段普遍存在的理想幻灭而感到痛苦焦虑时，人们常常责备他们的父母对此袖手旁观。使事情更复杂的是这样一个事实：刚成年的年轻人苦恼不堪，一方面，他们对自己不受父母影响的独立地位倍感骄傲；另一方面又希望重返子宫。父母要敏感对待这种矛盾情绪，在试图提供帮助时，要经过谨慎思考。在《成熟的神话》(The Myth of Maturity) 一书中，特里·阿普特说的一番话应该能给那些踌躇的年轻人的父母提供一些指导：**"出于错误的预料，父母以为孩子已经做好了飞离巢穴的准备，而孩子们只是要暂时离开而已，这时他们更需要父母的支持。父母以为儿女想摆脱他们，其实他们只不过是需要和父母建立一种不同的亲密关系。"**

表10.2 一些正确的组合

组 合	建 议
表扬和批评	父母每批评6次，就应该至少用4次表扬作为补偿
纪律和自由	应声明某些活动不受父母的强制监督，其他的活动则应接受严格监督。例如，16岁时，或许可以声明（最好是书面）家庭作业及卧室的装饰不受父母的管制，但夜晚回家时间、家务劳动、共用卫生间的状况以及消费限额都由父母严格控制
父母干涉与自助	父母应多倾听而不是提建议，应多提建议而不是代替孩子出面解决问题
自由游戏和程序化活动	所有的孩子每周至少有几个小时的自娱自乐时间（可以和另外一个孩子一起玩，不看电视，没有音乐，不玩电子游戏，可以参加有组织的活动，例如有组织的体育运动）
休闲与工作	中学毕业前，所有孩子都应该有直接工作经验和做家务的经历。他们的生活应包括75%的工作（包括上学）和25%的娱乐。当然，最理想的情况是他们也能从工作中获得一些快乐
文化同化与隔绝	每月至少几次与背景不同的孩子或成人合作或玩耍。另外，每天玩电脑游戏、看电视和戴耳机听音乐的时间最多不能超过一个半小时
个人追求与集体活动	所有的孩子每周应有几小时从事同龄人很少或不乐意从事的活动，追求那些他们感兴趣的而且能肯定其独特性和最终的竞争优势的活动
与成人和同龄人交往	父母应保证孩子与自己的一些成人朋友做朋友，除了在校内外和他们的同龄人交往外，每月至少2次与他们老师或近亲之外的成人进行长时间的交谈
家庭生活与家庭以外的生活	父母和每个孩子定期安排探索性的远征活动，并至少应有一项和孩子共同进行的项目。孩子也应该经常参与没有父母参加的社区活动
综合能力和专业能力	除了学校的综合教育外，孩子每周应有部分时间用来培养他的专业技能和独特能力
身体与心智	在鼓励孩子对形体和运动技能的兴趣的同时，父母可以发起不落俗套的餐桌谈话、文化活动以及可在家里进行的其他共同学习活动
现在和未来	父母应找机会，每月至少2次不威胁、不说教、乐观地和孩子面对面地讨论他的未来

什么是"不同的亲密关系"？尤其是，父母如何应对有就业准备不足迹象的儿女？不管他们如何看待孩子的处境，父母在表示对孩子的尊重方面都不应该动摇。父母的严重失望对孩子来说很可能是一种致命的创伤。有时，对孩子表示出尊重，父母需要表现出极大的灵活性和宽容度。

朱莉娅·桑普森告诉我，她的女儿桑德拉，我以前的一个患者，从法学院退学了，因为她感到厌倦，并且蔑视那里的竞争和对抗气氛。现在她在意大利的佛罗伦萨设计和制作首饰。桑德拉热爱她现在的工作，但至今却连一个胸针或手镯也没有卖出去。她的母亲怀疑她永远也卖不了多少，因为她并不那么有才华和独创性。

与此同时，桑德拉坚持说并不在意作品是不是好卖，她正在创造一种不受商业污染的艺术表现形式。桑普森夫人没有坚持让女儿回到法学院，而是给予她感情上的全力支持。女儿知道父母爱她，同时她也需要感受到父母的尊重。爱和尊重能加深情感。我想桑普森夫人的处理方法是对的，尽管一想到女儿将永远无法从事法律职业，她感觉自己的希望全部都破灭了。但对桑德拉来说，和父母保持持久、良好的关系比从事法律工作更宝贵。

丹尼斯在高中和大学时是一名出色的学生。他总是精力充沛，成绩优异。作为一名经济学专业的学生，他在四年级下学期决定放弃沃顿商学院的录取资格，选择休学一年去旅行。

4年多过去了，丹尼斯仍在旅行。他蓄着胡子，刺着精致的文身，戴着不对称的耳环。丹尼斯声称他正在寻求精神满足。丹尼斯背弃了他的工人阶级家庭所持有的价值观念和对他的厚望，他的全家曾经因他的行为而感到万分失望。一开始，丹尼斯的父亲通过书信、电子邮件和电话对他的儿子进行训诫、说教、劝诱，但都无济于事。在听从了一位咨询师的明智建议后，丹尼斯的父母最近向儿子的生活方式妥协了。

一切都还不算太晚。他们弄了一个剪贴簿，里面放满了他儿子旅行时拍的照片。他们正在攒钱，这样就可以去丹尼斯最喜欢的城市加德满都见他。在那里，丹尼斯就有机会向他的父母炫耀他对尼泊尔文化和历史的深刻了解。丹尼斯说他现在开始对他的躁动感到不安，他说自己正开始考虑"安定下来，开始新的生活"。假如他的父母急于求成的话，将会犯严重的错误。他们需要平息怒火和失望，表现出宽容和理解。他们最终做到了这一点。

因此，那些就业准备不足的年轻人的父母除了表现出超常的、坚韧的耐心、尊重和宽容以外，别无选择。假如父母对孩子的未来，如 25 岁左右，一直有个一成不变的幻想，而结果那个年轻人却朝着一个完全不同的、并不崇高的方向发展时，这个过程可能就会格外折磨人。眼看着未来的外科医生现在却成了一个知足的餐厅小工，没有哪个父母不灰心失望的。

除了尊重和宽容，父母还需要做孩子的职业教练，但应该仅在孩子明确地提出这种要求时才提供建议。即使在那时，父母也应该避免说教，避免表现得过于自信，或轻率地提供过于简单化的和预言性的建议。最为重要的是，父母必须充当孩子的专心而又富有同情心的听众。通常，你要承认自己并不知道女儿应该做什么，而不是提供她将来会发现并不适合她且毫无用处的应急措施。如果是那样的话，她可能永远也不会再听取你的建议了。

当他们的儿女在刚参加工作期间苦苦挣扎时，父母应该考虑一下这 12 个成长过程。他是否缺乏一些重要的能力？他对自己是否充分了解？他是否充分理解工作预期和概念？或者他是否总曲解工作的重要方面？如果没有，那么缺乏了什么？最后，他是否很难建立工作关系？一旦这些缺失得到确认，父母就应当和孩子分享他们的观点。有时孩子可能需要来自外部的，如心理健康专家或就业顾问的忠告。最重要的是，刚参加工作的年轻人必须意识到自己的缺陷，决定是要努力补救还是寻找绕过它们的途径。

最后，给一个工作失意的年轻人提供食宿是没有错的。这种做法正在日益普及，特别是在经济不景气的大环境下。但当儿子或女儿搬回来时，父母必须小心地保持距离，尊重他们已成年的孩子的独立和隐私。如果可行的话，给予一些经济方面的支持或许是可取的，但给这些苦苦挣扎的年轻人提供过分慷慨、充足的资金是危险的。从长远来看，过多的经济依赖会导致父母与子女双方都陷入极度的不满。表 10.3 总结了孩子在艰难度过初入职场的几年时，父母所做

的努力。有了关心、智慧和深厚的爱，父母可以帮助孩子度过工作中的危机。
刚参加工作的年轻人比以往任何时候都更需要、更愿意加强与父母的联系。

表10.3　子女有就业准备不足迹象时父母的职责

行　动	价　值	评　论
说教或训诫	不利的	不起作用，并且可能疏远刚参加工作的年轻人
宽容和耐心	有利的	有些人适应工作要比其他人花更多的时间
批评和责备	不利的	无用；可能会使年轻人通过自己在生活上的失败或羞辱父母来惩罚父母
让刚参加工作的年轻人知道你对他感到失望	致命的	人最想打动的莫过于自己的父母；这样会摧垮他的自尊心和动力
提供资金	既有利又不利	提供部分资助是有帮助的（如果能负担得起），但全部的支持会摧毁子女的工作动力
允许刚参加工作的年轻人住在家里	既有利又不利	父母与孩子保持一定距离，总会有帮助的
提供建议	既有利又不利	孩子要求时提供建议会有帮助，但建议不应轻率、不切实际或说教
保　护	既有利又不利	过度保护会产生相反的结果，但当一些刚参加工作的天真的年轻人被他人误导时，需要父母的保护
倾听和帮助重新考虑选择	有利的	父母充当"共鸣板"和低调的顾问是一件好事
对刚参加工作的年轻人当前的生活方式表示尊重和感兴趣	有利的	不管父母可能感到多么失望，这都是至关重要的
得到帮助	有利的	职业咨询及各种大脑功能的测试对职业选择会是很有价值的
药物治疗	既有利又不利	可能会有帮助，但不应产生依赖性，因为这永远不是健康的疗法

第 *11* 章 老 师

要当学生的就业指导

我发现教育给人的压力很大。如果在学校学的不是自己想学的专业，这会让人很难集中精力并力求上进。大学只是一个太过笼统的目标，在这个过程中没有需要努力实现的小目标。

I. F. 22岁

学校应该不断反思如何帮助学生为今后的工作做好准备。随着有关大脑机能和学习过程的最新研究发现，21世纪的教育，在使命和方法上能够并且应该产生革命性的变化。我呼唤各类新型学校的出现，这种学校要结合我们对心智培养的认识和对当今职业需求的认识，确保培养出一代能基本满足工作需要的年轻人。

很多公立和私立中学都声称自己是"大学预科学校"，暗示本校相当一部分学生都能成为一流的大学生，并且学校还致力于让学生做好大学生活的准备。"大学预科"这个词不过是"准备升入大学"的委婉说法，因为来自家长和学校的传统压力以及社会就业的需要，几乎把学校变成了一个生产证书的工厂，让年轻人升入名牌大学成为父母和学校的最终目标，更不必说他们自己了。我们应该摒弃"大学预科"这个说法，用"生活预科"这个词取而代之。中等教育应该让学生为大学毕业后或不上大学时可能遇到的状况做好准备。大学也同样要帮助学生为毕业后的生活做好准备。而如今，学生们的这种需要几乎完全被忽视了。我们同时也要满足那些不上大学的学生心智培养的需要。他们可以为社会作出巨大的贡献，我们不想让他们把自己视为二等公民。

有影响力的教育工作者应该研究当今的成人世界，清楚地认识到我们要为学生准备什么。现在的职场是什么样的？近年来工作环境和工作性质都发生了怎样的变化？这些变化又如何改变了工作所需要的技能和知识？工作角色发生了什么样的变化，这些变化又如何影响了我们帮助学生做好何种准备的看法？

这些问题都迫切需要教育思想家和计划制订者作出令人满意的答复。

如何让学生正确地面对初入职场的几年里会遇到的挑战和希望。但仅仅让学生成功地实现从学校生活到工作生活的转变，不是教育的唯一目的。学校要把学生培养成一个可靠的公民，一个历史知识渊博、懂得艺术欣赏的人，一个有思想、有文化的人。因此，本章主要阐述教育的使命。本章并非企图贬低目前的大学文科教育，也并非暗示让学生为就业做好准备就是学校得以存在的唯一原因！

中学生活预科教育不可或缺

学生要为就业做好更充分的准备，所以中学和大学教育都应该重视本书第6～9章所讲述的培养方式，这样学校就可以更准确地决定如何以最佳的时机和方式，把这些不可或缺的能力融入课程与教学当中去，让学生更易于实践。

可以在两个教学领域加强成长过程的培养。第一，所有老师都要在课堂上融入与本科目有关并以心智培养为目标的活动、任务、计划和案例研究；第二，学校要提供相关的常规课程、短期课程或教学单元，增强孩子对成长过程的认知，帮助他们思考如何迈向未来。我把这样的课程叫做"心智研究"。

在常规学科中进行心智培养

老师可以把一些典型案例运用到自己所教授的学科里，用来解释说明与所教学科有直接联系的生活问题。比如，历史老师可以讲解国家领袖是如何处理问题和危机的；英语老师可以通过讲解文学作品里的人物形象来仔细分析其成长过程；自然科学老师可以分析科学家运用头脑风暴法时成功或失败的案例。

老师应该在课堂上引入对心智培养的教学方案。当人们有目的地强调具体的大脑锻炼过程时，心智培养就会产生，并可以在教育过程中得以加强。让学生学习并获得反思自己的心智及其运作方式的能力有巨大的意义。以心智培养为目标，可以帮助学生学会以自己的思维方式进行思考。

当老师以培养大脑功能为目标时，该功能就开始发挥作用。老师首先向学

生解释一项大脑功能（例如，决策制定、富有表现力的语言或分清主次），随后让学生参与旨在强化该功能的活动或任务，然后老师要保证学生能谈论这个活动与加强目标功能之间的联系。下面用类比的方式加以说明：一个在健身房锻炼四头肌的人，如果能明白某种阻力训练与增强四头肌力量之间的关联，这将有助于他的锻炼。

设想一位老师以培养头脑风暴法为目标。首先，学生要理解头脑风暴法的含义。然后，老师开始向学生提问，要他们想象一个以太阳能为动力、既可以在陆地奔驰又可以在水面滑行的水陆两用汽车。学生们要给这种新型的交通工具起一个名字。一个受到启发的学生可能会脱口而出："啊，我知道为什么我们要这么做了！你想要我们学会更好地使用头脑风暴法：先想出很多名字，然后选出最好的一个，这样我们就会变成头脑风暴法的超级明星。"完全正确！

心智成长目标

1. 确定一种有待加强的成长过程；

2. 告知学生这一成长过程的名称，以及它在学校和今后工作中的应用；

3. 设计一项强调或能成功实现成长过程的任务、活动或计划；

4. 保证学生可以认知并用语言说明自己正在做的活动，可以让这个成长过程更好地发挥作用。

同一个学校里的不同老师可以教授成长过程中各种具体的重要功能。没有一个老师能够也不应该试图包揽全部教授内容。

心智研究

小学、初中、高中都可以提供心智研究课程，以便把成长过程清楚地教授给学生。学校可以在现有的课程里加入相关的教学单元（例如健康研究或社交研究），也可以再单独开一门课程。学生可以通过 12 个成长过程研究大脑机能，例如注意力、记忆力、语言表达能力和纵深思考能力。心智研究课程所适合的年龄和年级会有所不同，这完全取决于每个学校具体的课程设置，但是在初中和高中至少要有几次这样的教育。其他老师也要经常在不同科目的心智研究课上使用这个术语和概念，只有这样，成长过程才能成为稳固的学习主题。

学习心智研究的学生可以分析并讨论案例，比如一些刚参加工作的年轻人因为缺乏完全的成长过程而陷入困境。比如一个因为在政治上很幼稚而招致职业麻烦的年轻人，或一个因为技能陈旧而无法适应工作中技术更新的年轻人。案例研究还应该介绍不同职业道路中错综复杂的情况，以及无论从事何种工作的人都要面对的重要考验，其中包括与老板相处，与他人共事和延迟的满足感等。案例还可以重点研究那些由于没能应对特定的挑战而受到挫折的年轻人，和那些知道自己要做什么并付诸行动而成功前进的人。有一些案例则要由学生自己来完成。比如老师可以告诉学生："好了，同学们，明天我希望你们来作一个案例研究。我们要研究的这个人很聪明，有很多天才的想法，但不会与人合作。"现在我们来回顾成长领域的四种教育——内省、解读、重塑和协作，并研究目标心智培养、心智研究课程和日常学习经验可以帮助学生做好就业准备的方法。

成长领域的四种教育

内 省

第6章听起来像是在呼吁学生内省，但大部分学生需要激励和实践来了解自己的心智。教育的主要目的应该是帮助学生了解他们是谁，想成为什么样的人。这在混乱的青春期尤其重要，因为青少年的自我认同仍然没有建立，不会或不愿把可以揭示真我的证据一片一片拼凑起来。青少年因困惑而搞得头晕脑胀，他们认为自我是由以下几个部分组成的：最要好的朋友、几个崇拜的摇滚明星、一个超酷的大哥或大姐、备受尊敬和爱戴的父母和脾气古怪的足球教练或排球教练。但真我在哪儿？又是在什么时候出现的呢？真我是青少年期望的一部分，他们需要有人来帮助他们发现真我。那学校该如何帮助学生发现真我呢？

研究自我

在中学阶段，学生首要的案例研究应该是研究自我成长的过程。关于内在洞察力的详细记载，可以用来作个人成长历程的参照。每个学校都应该适当地改动这样的样板，把价值观和分清主次的方法教给学生，术语则可以适当增加或删减。在理想情况下，从六年级开始，每一个学年都至少要作 1 次或 2 次这样的研究。学校应该以数据的形式保留记录（要适当保护隐私），这样学生在提高自己的领悟力之前，就可以查看先前所有的详细记录。通过这种方式，学生就可以观察自己成长和变化的过程。

学校也要进行自传教育。学生应该记录自己的生活故事，对比现在的自我概念与之前的自我概念。这样的练习可以帮助学生发现不断再现的人生主题，这个主题可以有力地暗示学生的未来。通过心智研究课堂上的讨论，青少年可以交换彼此的记录和自传，发现人与人之间存在的不同。学生得出的结论应该是："朋友之间存在着巨大的差别是没有什么好奇怪的。"青少年很害怕别人认为自己古怪或怪异，也害怕被人看到自己和一个古怪离群的人在一起，这都会妨碍一些青少年成为自己想要成为的人，学校应该帮助他们克服这种本能的不安。

通过自我分析和讨论，学生可以看到自己的竞争优势，认识到自己的弱点和不感兴趣的事。把内在洞察力与之相结合，也可以帮助学生克服对自我和未来人生的错误看法。这些内省活动可以帮助学生做好长期自我观察的准备。

要加强内省，学校可以要求学生设想自己的未来，但有的家长很难做到这一点。**家长过多地盘问孩子对未来的看法，会让孩子把它看成微妙的压力或压迫，从而招致子女强烈的反感。孩子很想让父母喜欢自己，不想让父母看到自己对未来的不确定性，于是他们就想把这个弱点隐藏起来。**学校环境可能更适合帮助学生克服对未来的不确定性，尤其是当身边的同学也面临着相同问题的时候。

增强预测能力

增强预测能力需要不断地演练。学生在写自传时，可以试着做一些关于未来的理性猜想——通过论文写作、口头介绍或图示说明的方式，都可以。学生要明白这不是在签署什么有法律约束力的契约，但是他们应该能够回答这样的问题："12 年后，你最有可能做什么呢？你认为到时候自己的生活会怎样呢？"

长远的预想可以让学生收益匪浅，但是如今几乎没有人这么做。随着时间的推移，学生对未来的设想是不断变化的，要他们为此编制一个档案是很有启迪性也很有意思的。例如，学生可以记下："我以前常梦想将来做个护士，但现在发现我还是比较适合做一名社会工作者。"

除了设想今后的生活，学生还要学会成为未来主义者。在心智研究课堂上，学生应该思考一些宽泛的问题。例如，"你觉得 20 年后，在这个国家生活会变成什么样子？明年学校里的情形会是什么样？"诸如此类的问题需要与重要的假设和推论相结合："如果爆发了经济危机会怎么样？如果我们的石油储备都用光了怎么办？如果有一天人们可以去太空遨游，并在其他星球上定居会怎么样？"这类假设能够培育学生的预测能力。

自我启动

学校要把学生培养成善于自我启动的人。教室应该是这样一个场所，在那儿，学生可以放心地进行智力冒险，提出标新立异的想法，并在作业或项目里展示个人的首创精神。学生要有很多机会独立学习并因此在学习成绩上得到额外的加分。在理想状态下，每个学生都应该选择一个主题，然后就这个主题进行三四年的自学（在老师指导下）。这样做可以让学生逐步掌握个人化专业技能和深厚的学识。这种长期的智力探索应基于学生本人长期的爱好和热情。

青少年应该尝试各种成年人的角色。学生可以写或研究有关这些角色的案例，并提出假设："如果我决定在本州竞选参议员，该怎么做呢？"或者，"我怎样才能拥有一家属于自己的珠宝店呢？尽管我现在还没有足够的钱来创业。"老师和同学应该一起参与其中，找到可以帮助学生实现既定目标的策略。这样的思考和讨论可以激发学生的雄心和动力，同时打开通向未来的大门，否则这扇大门就会被关闭。如果做得好的话，这个找到职业道路并清除路障的方法可以使学生慢慢地认识到一个激励人的口号——"有志者，事竟成"。

解　读

在这个令人眼花缭乱的技术时代，教育工作者面临着教学艺术创新的要求和

众多令人目眩的选择。在对各种选择进行筛选的时候，学校应分清主次，了解哪些东西应该优先采用，并予以加强。综观教育史，在学校里死记硬背一直是认知行为的主渠道。课堂考试也是要求学生机械地回忆事实，或像机器人一样对程序指令作出反应。但随着获取信息的新技术的出现，我们的大脑存储器可以不用像以前那样重视记忆。这种改变可以节省时间并解放大脑，以加深理解。在众多变化之中，这种改变也可以让学生在考试的时候翻阅笔记（开卷考试）。

对理解力的理解

学生在学习时，作为努力帮助他们学会学习的一部分，教育工作者应该让他们懂得理解力的内涵。学生应该参与和概念形成有关的特定的心智建设，掌握一个概念的具体内涵，并有一个图册本，用图表绘出他们在学一门课时所要学到的重要概念。老师要鼓励学生画出所有重要的概念并保存在概念图册里。

学生还要学习语言学，因为很多需要理解的原始资料都是通过语言进入大脑的。无论是在工作中还是在学校里，用言语表达的观点无时不在、无处不在。心智研究课程应该包括一部分关于语言学和语言工作原理的简易课程。

理解职业期望

不幸的是，理解职业期望还没有在教育领域受到足够的重视。很多刚参加工作的年轻人由于无知而失败了，因为他们没有清楚地认识到工作对他们的期望。他们没有理解工作要求的言外之意。

要正确理解职业期望的最好方法还是研究案例。学生应该阅读并讨论人们对职业经历的记述，包括那些成功的和不成功的经历。例如，刚失业的五金店售货员是否明白，自己要和顾客进行眼神交流，这样顾客才会对他所介绍的产品有信心？刚刚上任的校长助理是否知道，如果她出席学校董事会的所有会议，她就会给教育总监留下一个良好的印象？建筑师如何判定哪种设计方案最有可能赢得购物中心主管们的认可？

案例研究可以帮助学生思考什么是"对工作的真正理解"。这种形式的解读能给学生带来长久的益处，它超出了一般的阅读理解。

传记作品教育

学生应该养成阅读和分析一定量的传记作品的习惯。学校应该要求学生阅读传记作品。在阅读的过程中，学生应该学会分析传记中的记述，善于揭示传记主人公工作生涯中错综复杂的状况，并深入理解工作中成功、困难和挫折等经历。

模式识别

敏锐的模式识别也是一种需要反复强化的解读技巧。所有老师都可以提出同样的问题："在我所教的课程里，一直不断重复出现的模式是什么？"这些模式可以是音乐式结构，也可以是数学运算，或法语的语法规则等。教练可以指出隐藏在足球和篮球运动中不断出现的一套动作。在不同的学科领域，学生要不断地回答这样的问题："这里存在什么模式吗？我在其他地方见过类似的模式吗？这次的模式与上次的不同吗？"学生要致力于寻找隐藏的基本模式。

合理评估

"解读"范畴下面的第三个成长过程叫做合理评估，这也需要学生在学校里花大量的时间和精力来学习。学校应该明确地给出 3 个独立的评价目标——思想、产品和人物，并运用第 8 章里所介绍的合理评估的 10 个步骤。下表提供了练习合理评估的例子，对中学生和大学生会有所裨益：

合理评估活动

◆ 参与文学评论和艺术评论
◆ 就时事热点写一篇表达自己立场的论文
◆ 评价政治领袖
◆ 评价工作机会或工作要求
◆ 评论法律提案
◆ 评论足球比赛

◆ 考察道德、法律和伦理方面的决策

◆ 分析文字广告和电视广告

◆ 写出假设性的工作能力评估

◆ 比较几种不同的商品（例如，肥皂或麦片）

◆ 质询科学文章报导的方法论或结论

学生一有机会就要记录下自己的合理评估。分析的结果应该形成实体的产品，可以是一份书面报告，或是图表演示，或以一种完整的表格形式出现，如下面的工作表：

合理评估工作表

1. **评估的目标**。电视广告声称这种药丸可以让服用者的肌肉变得强壮，并使减肥效果持久；

2. **对目标的客观描述**。电视广告声称每天服用 2 颗药丸，坚持 3 个月就可以看到效果，否则将如数退款；还声称药丸没有任何副作用，医生也推荐服用；

3. **声明和外在表现**。药丸有奇迹般的效果，有两个人服药前后鲜明对比的照片为证；

4. **值得怀疑的方面**

方　　面	答　案	评　分
这个药丸真的有用吗？	可能没用	很低
对每一个人都有效吗？	不可能	很低
如果停止服用后，还会持续有效吗？	不太可能	很低
对每一个人都是安全的吗？	无从知晓	很低
是哪些医生推荐服用的？	我们从未听说过	很低

（评分级别：高、较高、低、很低）

5. **有用的研究发现或外部证据（如果有的话）**。他们没有引用任何我可以查证的证明材料，只有一些鉴定书；

6. **有用的咨询或讨论**。打电话问我的医生，他说这个药物可能存在危险，没有证据表明可以像宣传的那样有效。打电话问我妈妈的医生，他的答复是一样的，我的保健教师也是这么说的；

7. **评价结论**。那些人只想赚钱，推销的东西没经过完全可靠的研究证实；

8. **行动**。我不会去买那些药丸，我会选择别的保健方式。

随着时间的流逝，学生应该通过不同的学科练习得出评价性结论，以有说服力的论证来证明他们的看法是正确的。"这是我对今年州长竞选的研究……让我来告诉你们我是如何得出这个结论的。"这种练习不仅可以帮助刚参加工作的年轻人更加理智地对待观念和机会，还可以帮助他们形成自己的观点、提高沟通技巧并使自己的评价成果经受住严格的检查。

重　塑

每隔一段时期，学校应该选定一些能帮助学生成长的智力重塑手段。我们的社会在不停地修改工作准则和职业角色，所以对工作有帮助的工具也在不断地改变。例如，工艺和技能的改进；新型的专业技术知识不断涌现；随着全球经济的扩张，先前曾被忽略的外语也需要重新进入课堂。教育不得不跟上变化的节奏，为学生提供在当代职场里成功所必需的手段。学生的喜好和神经发育的状况因人而异，所以不同的孩子显然也要掌握不同的智力手段。

第8章归纳了一些刚参加工作的年轻人生存和成功所必需的手段。以下是学校帮助学生做好就业准备的一些活动。

让学生做好就业准备需进行的活动

◆ 计划、实施、监控长期计划

◆ 撰写商业计划、研究资金申请书，拟定具体的工作计划表

◆ 准备成本估算和预算

◆ 应用新工艺

◆ 设计课程和教学计划

◆ 写电影剧本

◆ 制作视频

◆ 作长时间的口头陈述

◆ 设计、启动、维护并监控项目

◆ 编辑并修改书面材料

◆ 设计并准备视觉图表的展示

◆ 进行时事辩论

◆ 参与模拟庭审

可适应的基本技能和专门技能

传统的学术技能使我们狭隘地理解 3R(读、写、算) 技能。但是通过正规的教育，学生也可以学会广泛地应用和改进这些基本技能。例如，他们应该根据不同的阅读对象采用不同的阅读方法，如欣赏诗歌、阅读汽车手册、在政论文里阐述自己的观点，或是从化学课本里晦涩难懂的一段文字中提取有用的知识。当初入职场的年轻人面对工作上的需要时，重要的不是他们的阅读、数学、写作和各项专门技能有多强，而是他们重组这些技能以适应不断变化的职业需要和条件的灵敏度有多高。

如今很多雇主抱怨他们的年轻雇员写作能力太差了。很多时候，他们连一封连贯流畅的信件或备忘录都写不出来。我最近访问了一个十一年级的学生，我问他在英语课上做多少写作练习。他回答道："从来不做。"我问他为什么，他告诉我他的英语老师同时还是大学足球队的教练，放学后根本没时间改作业。我吓了一跳，写作可是锻炼学生思维结构的最佳方式之一。写作调动的大脑机能是最多的，包括运动功能、语言、观念形成、注意力、记忆力和组织能力。所以，在平时多让学生练习扩展式写作，可以让学生准备好承受大脑的挑战，这种挑战要求协调多个运动部分，是成年人工作中经常用到的。学生应该学会以各种各样的文体进行写作，如合同、公关信和广告信，而不仅仅写读书报告和论文。写作应该成为思考的加速器和与他人进行联系的沟通纽带。

对课程设计者来说，数学和自然科学尤其具有挑战性，因为这些科目在成年人工作中所起的作用很不一般。学生掌握这些学科知识和技能的快慢程度也有明显的不同。刚参加工作的年轻人要掌握一个学科概况和一些具体的技能，而不是被该学科吓倒。在工作和日常生活里，自然科学和数学方面的挑战常常出乎意料地出现。数学课程要保证经得起仔细的审查。例如，所有的青少年都要学习统计学以及围绕这一学科展开的推理过程。统计分析技能和中级代数一样，对大多数学生都有用。此外，青少年可以通过学习金融学，掌握扎实的在商业领域应用的数学知识。他们还要有分析股票市场交易、资金筹措方案和预算分配技能等方面的经验。自然科学需要反映科技的进步，重点不在于强调对事实的记忆，而在于对物理和生命科学的理解过程。当今世界正面临着严峻的自然资源保护和利用的问题，所以学生同时还需要重视生态学和环境学的学习。

软技能

学校和教育政策制定者也要重视核心学术技能之外的相关"软技能"。本书所主张的成长过程——头脑风暴法、沟通、决策制订、合理评估和协作，都是能够完善学术成就的"软技能"。教育工作者应该检查课程设置，确定这些"软技能"在哪些年级和学科范围内训练最合适。

做事效率的培养

掌握了合适的工具手段后，学生和成年人就可以通过有效的方式来完成自己要做的事情。正如第8章所说的，我遇到了很多不懂方法论、进度缓慢的高中生。他们做事时从来不考虑自己应该怎么做，以致很多做事的方法都不对，使他们无法从学校课业上得到满足。学校需要帮助学生学会更有效地安排日程、组织材料、安排优先排序和集合分散（就像作自然科学计划一样）。

同其他的目标心智成长方式一样，学校应该事先结合明确的任务指定这些组织的模式，例如要求学生准备某个展示或设计某个有条理的桌面空间。根据学生做事的表现和最终的成果，给予他们相应的奖励。正如对学生最终的成果给予评价一样，学校也要根据学生所运用的方法给他们打分，包括提交工作计划和时间管理计划。

成效思维

以一种可产出有价值的产品或决定的方式来思考，是无数职业不可或缺的能力。老师可以使用第 8 章的建议来强化学生的成效思维。在学习世界文学时，学生可以学习"决定是如何作出的"。他们可以通过研究文学人物战胜挫折和沮丧的方法或被打败的原因，来学会应对不同压力的方法。"你如何描述亚哈的应对模式？"或者，"《哈姆雷特》里面有什么明显的制定决策的策略吗？"在历史课或保健课上，也同样可以在具体的语境里培养成效思维。

协 作

学校应该明确地告诉学生，生活里有与人协作的一面。很多年轻人刚参加工作时都很沮丧，因为他们不知道如何协调和经营自己的人际关系。学生应该学习并讨论 3 个协作成长过程——语言沟通、建立团队、声誉管理与政治才能。

语言沟通

远古时期的教育就已经要求学校开设修辞课，现在到了再次实践这个做法的时候了。学生要学习如何进行有效的口头陈述，如何进行口头协商，如何有力地辩护一个观点以及如何作出有说服力的解释。学生应该有组织地练习提炼语言的活动，而且他们还可以从直接的教学经历中获益。七年级的学生可以去教六年级的学生，而六年级的学生也应有机会去教下一年级的学生。

各个科目的教学中都会涉及语言沟通。学生在数学课上可以讨论他们求得试题答案的方法。学生在历史课上可以完善他们描述历史人物性格的能力，然后按时间先后顺序叙述历史事件。文学课则可以给学生提供以口头和书面两种方式编故事和讲故事的机会。语言和可见的客观事物之间的联系（也叫做"视觉动词关联"）是很重要的，尤其在自然科学领域里。例如，高中物理课的学生应能清晰明了地解释空间现象和机械现象。戏剧课和物理课可以提供练习修辞的机会。在每一门课里，老师都要鼓励或教导学生培养语言提炼能力，不能让学生想到什么就说什么，或养成不良的表达习惯。

语言是比较和对照的工具，学生要学会巧妙地措辞和雕琢自己的言辞，把零散的观点或事实用一定的联系结合起来。中学教育的目标之一就是培养学生的语言沟通能力。

书面沟通也是同等重要的。学生要认识到写作是启迪思想的一种方式。如今，学生从互联网上搜罗资料，然后复制、粘贴就可以拼凑成一篇报告，这是一种剽窃行为。他们不明白写作不仅仅是报告，而且还是改变思想并发展思想的一种方式。学生和老师都应该把写作看做一项技艺，而不是一项应急措施。要把重点放在长期的写作任务上，而非限时的写作测试。老师应该留给学生充足的时间来写作，但也要有字数限制。例如，"你写多久都可以，但不能超过3页纸。"这种策略更接近职场上的要求。成年人的写作大都要求简洁、实用。此外，写作还是教会学生修改、调整、润色的绝佳方式。学生要把每次修改的稿子都交上来。欧内斯特·海明威曾说过，写作就是一个不断改写的过程。学生通过写作，可以体验到完善创作的满足感。学生让老师批改自己的作业也是一种学会接受和利用建设性批评的好方法。

建立团队

工作团队是使工作取得成效的一个重要因素。学校应该教给学生协作方法，并运用这种方法来完成项目。老师可以时常要求学生在考试时一起合作答题、一起准备作业，这样也可以巩固工作团队。在大多数情况下，在一个团队里一起工作的人不一定是最要好的朋友，虽然大多数学生都希望能够和自己的好朋友同处一组。学生要和兴趣、背景以及能力与自己不同的同学一起体验协同工作："嘿，你写的东西很棒。要不要你来写说明文字，我来画卡通呢？因为我喜欢画画，可你并不喜欢。"尊重能力差异是容忍的标志，也是团队成果的主要特征。

声誉管理与政治才能

学生们应该有机会讨论树立、接受和改变名声的动态发展过程。所有的学生都思考过这个话题，但是却很少有机会进行系统的讨论。老师可以让学生说说他们今后想树立什么样的名声："你想在其他学生眼中树立什么样的形象？"然后学生开始探讨他们每天都该做什么来树立自己所期盼的名声，并如何避免

损坏自己的名誉。学生还要有机会讨论不公正的名声，并且研究一些学生是如何受到不公正对待的，身边的同龄人又该怎样帮助他。

学生对名声的研究应该结合学校和职场的政治环境来考虑。学生可以讨论，如何在那些对自己现在和将来的幸福都有影响的人物面前表现得最好。这些人包括老师和学生领袖，他们都能够影响同龄人对你的看法，可以帮助你树立名声。想办法让老师喜欢并尊重你，就是在预演今后成为一个受人喜爱和尊重的雇员。

社会认知研究

中学要提供社会认知方面的课程，尤其是在初中初期和高中末期这两个关键时期。我的《贾维斯·克拉斯：社交间谍》(*Jarvis Clutch - Social Spy*) 一书，已经被用做初中教材，用来教授学生特殊的语言过程和行为过程，这些都是他们有效地与同龄人和成年人交往所需要的。老师要让青少年发现，为什么他们或身边的一些同学遭受人际关系的烦扰，以及如何治疗这些伤痛，也应尽量提醒学生们：太受大家欢迎或过分沉溺于同龄人的阿谀奉承也会带来一些危害。

作为高中后期心智研究课程的一部分，学生应该阅读并讨论一些案例，这些案例要指出他们在刚参加工作的日子里可能会遇到的社会问题和政治问题。学校还应根据学生自身的文化价值现状，为他们特别选择一些相关案例。

对政治的无知可能会给刚参加工作的年轻人带来严重的职业危机，而有的学生对政治的微妙之处和职业的弦外之音很敏感，这样他就很容易卸下这个痛苦的负担。到目前为止，社会认知还是一个被人遗忘的学科领域。没有人提过，也没有人指出学校有责任教授这方面的内容。这一切必须改变，如果学校想让学生对就业做好准备，那学校就要开设社会认知课程。

因差异而造成的不同

通过旨在进行心智培养的应用和案例研究，学校可以更加有信心，因为他们的学生在参加工作时已配备了必需的工具。但是，学校也要看到学生之间存在着巨大的差异，一个批量生产的工具箱并非适用于每一个学生。

职业世界容纳了一群不同的人，他们扮演着各式各样不可或缺的角色。因此，我们的教育体系应该认识到并致力于神经发育的多样性，也就是要把教室看成由一群拥有不同特点、倾向、需求和命运的学生组成的。这种认识在高中时最为重要。到了高中，学生之间的差异变得更加明朗化。例如，蒂姆喜欢参加实践活动；米莉森特是个擅长言辞的人，尤其是当她用语言来表达思想时；米莉森特的朋友凯莎善于用视觉形象思考问题；里卡多爱好航空，深陷其中而不可自拔；辛迪精通现代舞。未来的学校应该接受学生之间的差异及对个体化的教育提出计划要求。学校要抵制这种主流观念——每个学生的能力单靠期末考试就可以测试出来。这种考试并不能区分出学生潜在的优点和缺点，而这些潜在的特质将决定学生刚参加工作的时候是否能够成功。

每个高中生应该接受评估，确定他神经发展的现状和爱好，也应该制订计划强化自己的优势和克服阻碍学习的弱点。任课教师要尽力克服常规课程的不足，特殊教育工作者和学校心理医师可以提供这方面的咨询。作为目前教师培训的一部分，不同科目的老师都要接受学生学习差异管理的培训。化学老师应该具备克服学生学习化学时所遇到的困难的专业知识，并知道如何在课堂上做得最好。外语老师应该精通学习第二语言所需的技巧，明白学习过程中会遇到哪些特殊的智力差异。

特长教育课程

有的学生在青春期或更小的时候就表现出了过于专业化的心智。他们常常被认为存在智力缺陷或者不太聪明，因为他们不符合儿童特有的所谓的"全面发展"的资质。学校或社会常常冷落这样的孩子。一些孩子则被无情地告知他们患有某种病症，如艾斯伯格综合征（与自闭症同属"广泛性发展障碍症"中的一个亚型，这两种病同样具有社交技巧及沟通障碍，但艾斯伯格综合征患者比自闭症患者有较佳的语言及认知能力。——译者注）。实际上，学生的不同之处常常意味着多样性，而不是反常或偏差。对拥有专业化心智的学生来说，学校会给他们带来伤害，或至少结果难如人意。事情不应该这样，也不必这样。我们应该为专业化心智提供特殊的专门化教育。

我支持"志向远大的特长教育"，它包括可以让学生在特长领域获得提高的

培养项目，如汽车修理。这可以帮助学生力争上游，树立远大的志向。所以，除了培养他们的专业技能外，供暖和空调专业的学生还要学习如何创办和管理自己的小企业，或在一家大型的空调生产厂家如何攀登成功的事业阶梯，或如何利用头脑风暴法想出一些改进数控气孔或气阀的新点子。

当学生着重发展自己的爱好时，他们除了接受特长教育外，还要学习基础课程。如果他们有空闲的话，可以在学习专业知识之余，学一学文学、数学和历史。通过阅读汽车维修手册，有的学生可以显著地提高阅读理解水平。这些大脑发育超常的学生在学校里感到很痛苦，因为他们的大部分时间都要用来练习别人的而非自己的特长。这样的教育脱节严重地导致了高中辍学率的上升。

志向远大的特长教育，可以包括不同形式的旨在培养心智的活动和案例研究分析。很早就选择了专业道路的学生需要掌握可以在多个行业里使用的工具。我曾经访问了马萨诸塞州列克星敦 (Lexington) 一所一流的职业高中。我问校长："你们汽车专业有百分之几的学生毕业后从事与汽车相关的工作？学电力学的学生有多少人真的当了电工？"他的回答着实让我吃了一惊。他答道："我们的学生毕业后很少从事自己的专业。在校期间，他们除了集中学习专业外，还学习了决策制定、头脑风暴法、协作和时间管理等技能。这样他们就可以在毕业时挑选最好的就业机会，并得心应手地在这些行业里应用这些技能。"这所学校确实是一所以成长过程为中心的学校。早期的专业教育不应该给学生任何选择的余地。高中时学习管道工程的学生也可以进入大学学习，如果这是他的最终选择的话，他最终也许会成为一位代表管道安装工工会权益的律师。

世界上有很多种高中职业教育的模式。一些欧洲国家提供至少 9 年～ 10 年的基础教育，然后学生可以自主选择学科道路或职业道路。但是，这种职业道路通常不能提供重要的成长过程教育，相反，它仅仅关注于手工或其他高度技术性的技能。有的教育项目提供正规的学科学习，间隙地安排学生在某一行业进行一段时间的实习。有的教育体系好像忘记了学生的智力弹性和大器晚成（发育推迟）的现象；他们在学生还很小的时候就给他们安排好了将来的道路，在学生还是 11 岁或 12 岁的时候，就分配其中一些人走职业道路，一些人走学科式、以大学为目标的道路。他们把精力耗费在这个错误的假设上了，他们认为学生的学科能力通过一场标准化考试就可以完全测试出来。我曾见过很多高中生，他们的学科能力和兴趣直到 16 岁或 17 岁的时候才开始显现出来，或者他们真正的智力优势并没有通过考试得以证实。如果当他们还很小的时候就被认为不是搞学术的材料，这将会是个悲剧。学校就会强迫他们在很小的时候就走上一条错误的道路，所以一定要有重新选择道路的方法。

普通学科教育和专业职业教育相结合的各种模式都是切实可行的，两者的结合给具有专业化心智的孩子提供了巨大的精神安慰。学生可以尝试一些角色，其中一些角色对他们今后的工作会产生一定的影响。这种模式对打算进入大学的孩子也同样有益，他们可以利用部分时间在律师事务所或电视台工作，来体验一下工作中的现实生活。

马克·塔克在《哈佛教育书简》(*Harvard Education Letter*) 中向我们推荐了他所谓的"固定的大门，多样的道路"模式。在这种模式下，学生在十年级结束时就可以基本掌握传统学科技能，之后，他们可以自己选择是接受技术教育，还是上大学或进社区学院。这无疑会满足很多寻求技术教育的学生的需要。正如塔克所说："美国没有几所高中可以提供技术教育所需的设备和教职工——从焊接、汽车机械、软件系统管理、酒店管理、心血管技术到绘图与设计。"早点让学生进入技术学校和社区学院可以给一些青少年提供专业学习的机会，并让他们克服由于考试失败所带来的羞耻感，或者摒弃"所学非所爱"的感觉。另外一个选择就是在学校里再下设一些学院，这些学院以学生特殊的兴趣爱好为中心（例如，健康保健、戏剧、计算机科学等）。不管采取何种形式，志向远大的特长教育是很多青少年所必需的，但是我们决不允许将不以上大学为目标的青少年视为二等公民。再次强调一下，对所有人来说，无论选择什么样的成长道路，他们都有权力拥有远大的志向。

图 11.1 归纳了生活预科高中的一些重要特征。无论是在特别设立的心智研究课堂上，还是在传统科目课堂上，老师都会给学生讲授与成长过程和就业准备有关的内容。学生可以接受各种志向远大的特长教育和普通学术课程相结合的教育模式。

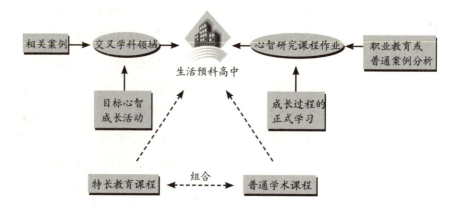

图11.1　生活预科高中的重要特征

满足需要

　　本书似乎给初、高中的老师和教育家们增加了沉重的负担，但他们得到的回报将比付出的多得多。如果老师能更好地了解学生，并适当满足他们的需要，那么我们的社会将发展得更好：年轻人就业准备不足、就业不充分、生产力下降等问题引起的沉重负担将会减轻。理想的中等教育计划的主要特征如下：

中等教育：生活预科学校描述

◆　学校以帮助学生做好生活的准备为目标；

◆　学校的老师接受过有关学习所需的大脑机能的良好教育，而且他们的教学实践体现了这种教育理念；

◆　学校帮助学生认识自我；

◆　学校重视培养学生出色的沟通技巧和人际交往技巧；

◆　学校采用目标心智培养，保证教授学生成功所需经历的成长过程；

◆　学校提供心智研究的正规教育，包括职业教育、学习和思考过程中的关键因素、语言学、口才（修辞）和社会认知；

◆　学校提供案例研究和大量的传记阅读，帮助学生准备好解决工作初期可能遇到的问题；

◆ 学校给每个学生提供个性化的教育方案；

◆ 学校发现并加强对学生的优势和爱好的培养；

◆ 学校给学生提供志向远大的特长教育；

◆ 学校有学分要求，学生可提前或延期完成中等教育学校以多种方式来评估学生的能力；

◆ 学校不要给优等生过多赞美和荣誉，以免他们将来成为跌落的偶像；

◆ 学校要求所有学生通过勤工俭学或社区服务来接触真实的外部世界；

◆ 学校下设很多小的教学单位，每班学生人数比原来更少，教师和学生的人数比例也会下降；

◆ 学校反思应如何做才能让学生做好充分的就业准备。

以上各条都是可行的，其中有一些已被部分学校采纳。我们迫切需要把以上各条逐一付诸实践，以防止就业准备不足情况的蔓延。

对大学教育的启示

大学本科教育和研究生教育也负有同样的使命，帮助学生实现从学校环境到工作环境的转变。在理想状况下，教授可以根据课程实际情况进行目标心智培养。讲授时间管理、头脑风暴法和合理评估这些方法。学校应该提供可靠的职业咨询和职业倾向性测试，为有需要的学生提供服务。社区学院和技术学院注重职业教育；四年制的文科大学，并不直接为学生的就业做准备；工程学和医学预科的学生专心于与职业有关的学习；音乐专业的学生都很热爱音乐，想尽可能多地了解有关莫扎特、莱昂内尔·汉普顿和甲壳虫乐队的知识，虽然很少有人以后想当音乐学家。所以，学院和大学应该满足学生各种不同的期望，同时关注他们的成长过程。高中老师会问自己在一堂课上应该强调哪些内容，大学教师也应该提出同样的问题并作出回答。

有着坚定的职业计划的学生，应该有机会聆听与他们选定的职业有关的社会和政治的错综复杂关系的演讲或研讨会，这可以使他们对自己选定的职业中可能出现的障碍有所准备，也可以使他们认真思考生活中的其他选择。最重要的是，学生要对今后的现实生活有所了解，以免在工作初期就遭受突如其来的打击。

耕耘现在，播种未来

本书向教育系统提出了很多要求。本章所提的建议也许在一个教育机构中并非全部可行，但是我已经阐明了一些共同的目标，这样，不同的学校可以用自己的方式来一一实现。教育体系一定要检查他们的目标和实践是否还有现实意义。我们要塑造什么样的年轻人？回答这个问题需要对当代年轻人的状况进行细致的分析。

第 *12* 章　职场新人

平衡心态，虚心学习

　　我害怕失败……我认为所有的人都害怕失败。我害怕失败是因为我想为自己感到骄傲。我希望自己所做的一切都是正确的。

　　　　　　　　　　　　　　　　S. J.　23 岁

11 岁～20 岁之间充满了不断尝试与失败的故事。随着心理和生理的巨大变化，青少年需要开始塑造并不断重塑自己思考和做事的方式。他们不断审视并评价自己与他人的关系，包括亲子关系、手足关系、朋友关系和师生关系。这个阶段的生活正处在变化之中。如果说这些变化还远不如过山车那样急转突变的话，那么内心的失落却是很常见的。例如，考试不及格、高考落榜、脸上刚刚冒出 3 个小痘痘、没有获准加入曲棍球球队、在全市足球锦标赛半决赛中被淘汰等。这时，青少年如何向前看，并为青春期之后的生活做好准备呢？如何做好事业起步的准备呢？怎样才能选择正确的道路？要做到这些或许很难，但必须勇敢面对这些问题。

青少年可以采取 5 种不同的行动，跨跃为就业做准备过程中的障碍。

克服就业准备障碍的 5 种方法

- ◆　正确对待人生挫折
- ◆　发现自我
- ◆　扎实掌握职业所需技能
- ◆　学会管理时间
- ◆　巧绘未来蓝图

正确对待人生挫折

青春期是一片崎岖的多山地带。一个 15 岁的孩子此刻可能和朋友玩得很开心，而 36 小时后就会对自己的朋友大发雷霆。一位老师可以让一个九年级的孩子感到自己是个胜利者，而另一个老师则可能会让他的自尊一扫而光。父母有时候会对孩子说一些好听的话，做一些让孩子开心的事，但是有时也会对孩子专横武断，不小心伤害他们。青少年所面对的挑战，就是要学会如何正确应对这些人生旅途中随时出现的急流险滩。

化解压力

化解压力的能力应被视为一项基本技能。令人沮丧的小插曲、令人气愤的挫折和令人厌烦的矛盾，都是生活中不断重复出现的主题。但是青少年不能被这些平常的挫败打垮，或因此变得一蹶不振；他们应该学会顶住压力，从挫折中迅速恢复过来，这种能力就叫做"应对能力"。**缺乏应对能力的孩子在面对压力时，更容易忽视压力、否认压力或对压力作出过激的反应。**有一个孩子没有通过几何考试，可他却欺骗所有人（包括他自己）说他考得不错，其实他只是无法面对这个残酷的事实。否认压力根本起不了任何作用。其他应对能力差的孩子则存在严重的"酸葡萄心理"。比如，"历史太愚蠢了，根本就没什么用处。"还有其他一些压力过大的青少年则喜欢把自己的问题普遍化："在这次考试中，我的朋友没有一个考得好的。"或者，"没有人喜欢我们的老师。"再有就是，"我才不介意苏珊没邀请我呢，根本就没有人想去参加她的聚会。"而有的孩子最后经受不住压力而导致精神崩溃，甚至还伴有食欲不振、头痛或精神萎靡等生理症状。这些都是不能正确地应对压力的表现。

只有认识到压力并解决问题，情况才会好转，才能更直接地作出反应并治疗伤痛。青春期是应对模式开始成型的时期，无论模式是好是坏。在日后的工作中，背后诋毁上司并不会让上司从你的生活里消失；自己的工作明明搞得一团糟，还要让别人相信自己干得不错，这只会带来灾难性的后果。所以，当青少年遇到问题的时候，首先要承认问题的存在，然后再和别人谈谈自己的压力，

比如和好友或成年人谈谈，他们可以利用自己的经验来帮助青少年巧妙地应对挑战。

我常常遇到这样的青少年，他们应对问题的模式往往比他们所面对的问题更成问题。在刚参加工作的岁月里，这种笨拙的应对模式会反过来困扰他们。

典型的例子

◆ 拉尔夫不太会写作，他也很讨厌写作，于是他一直跟父母撒谎说自己没有家庭作业。扭曲事实是拉夫尔解决一些问题的一贯方式，但是他那拙劣的办法产生了适得其反的结果。他没有通过英语考试，不得不去上暑假补习班。一旦踏上了职业生涯，他很可能会延续这种歪曲事实的习惯。撒谎有时会帮他达到目的，但是这种恶习迟早会让他丢掉工作；

◆ 苏珊因为看到自己的妹妹很招人喜爱而嫉妒不已，于是她开始在学校里散布关于妹妹的谣言。很快，所有人都发现苏珊讲的故事全是捏造的。最后，大家都把她看做一个卑鄙的小人。如果苏珊是个在工作单位里散播他人谣言的成年人，大家很快就会鄙视她，同事们不会再信任她，老板甚至还会解雇她。苏珊需要一个更好的办法来克服自己的妒忌心理，或许她可以发现自己胜过别人的地方或令人印象深刻的优点；

◆ 格兰特的父亲经常批评他，于是他把大部分的时间和精力都用来跟父亲斗气。格兰特在学校里的表现差强人意，考试分数也没有达到父母的期望值，这让他觉得自己无法像父亲一样聪明、成功，他认定父母觉得他是个不成器的孩子，于是他就完全放弃了学校功课。他开始吸食毒品，一天要抽一盒香烟，肚脐上还穿了一个金属环，头发也染成了酸橙绿，整天和一群无所事事的孩子在外面闲荡。或许格兰特并没有意识到，他正在惩罚自己的父母，丢他们的脸。因为他觉得自己没有办法让父母开心并得到他们的尊重。格兰特的反应太过激了，这也是错误的。工作以后，他还会让谁感到羞耻呢？

那时，父母也不会像现在这样了。他这种破罐子破摔的办法对老板
起不到任何作用，因为老板和格兰特可没有什么血缘关系！与给自
己带来的惩罚相比，格兰特给父母带来的惩罚更加残酷，因为他会
让辛苦培育他的父母痛心不已，他在自我毁灭。如果格兰特找不到
一种更加理智的方法来面对苛刻的父亲，他可能永远都无法学会从
负面反馈中恢复过来，而且在很快就要到来的职业生活中，他要应
对的批评会更多。

积极地应对问题，首先要放慢做事的步伐，把事情想透。一些应对能力极
差的人总是想到什么就说什么，想做什么就做什么，他们往往没有经过深思熟
虑就暴躁地辱骂老师，或者对老板和同事以牙还牙。

为避免形成不良的反应模式，青少年要调整自己内心的反应。如果事情让
你感到沮丧，那么这种没精打采的日子还要持续多久？你能在遭受挫折后很快
恢复过来并作出反击吗？情绪低落没什么奇怪的，但是你有没有因某事而消沉，
最终崩溃了呢？这种令人无法有效地作出反抗的模式很容易养成习惯，所以青
少年必须学会克服焦虑，从负面情绪、愤怒、深深的失望或失落中恢复过来。

有时当孩子感觉自己正在陷入绝望的黑洞时，他们急需聆听来自内心的慰
藉或听到令人鼓舞的声音。这个声音可能会是："好了，贾里德，一切都会过去
的。以前你也遇到过这样的挫折，可它们都被你克服了。生活还要继续，不要
让这样的事情把你打败了。"这种方法叫做"自我指导"或"言语中介"，这是
一种应对问题的好办法。孩子应该复述类似的话，老师也要鼓励孩子学会真诚
地与自己对话。

我经常在离北卡罗来纳大学不远的一家餐厅用午餐。那儿的很多员工都是
刚参加工作的年轻人，其中很多人正在为自己的人生奋斗，寻找自我定位以及
自己的人生道路。最近，我无意中听到，一个经理说他刚刚面试完一个存在不
少个人问题的应聘者。我忍不住插了句话："我以前认为你们只招聘问题青年
呢！"他笑了笑，说道："我才不介意他们有个人问题呢，只要他们不会让个人
问题影响工作就可以了。"一个刚参加工作的年轻人绝对不能因个人问题而影响
到自己在工作中的表现。工作的时候，就要学会把烦恼抛在一边。要做到这样，

需要一定的练习，而青春期就是这样一个极佳的练习时期。这段时期，你可以用来学会不把自己的烦恼带到工作中去。

最后，孩子还要学会以一种健康的心态对待顺利和成功。青春期里长期的成功有时会比过多的失败更具有破坏性。我认识一些孩子，他们要么是超级运动明星，要么特别受欢迎，要么就是学习出类拔萃，但他们都因成功而飘飘然，成了第2章里谈到的跌落的偶像。

发现自我

对青少年来说，认识自己通常是一个极其艰巨的任务。对一些孩子来说，区分真正的自我和别人心目中的自己几乎是不可能的。在探寻自己身份的过程中，青少年常常尝试用各种方法来了解自己，也让别人了解自己。他们在寻找一个感觉合适的形象。在第6章，我讲到了内省力的培养。发现自我，在青少年成长过程中起到了巨大的作用。

> 一个九年级的男孩抱怨说，从他早上睁开眼的那一刻起一直到晚上入睡前，别人一直都在不停地评价他。"早上，我还没有开始吃烤葡萄干吐司时，我妈妈就开始检查我的耳朵干不干净，我今天上学穿什么衣服。我觉得她甚至要闻一闻，以确定我刷了该死的牙了没有。从在车站等车到我上了车之后，其他的孩子都在打量我，看我是个酷哥、土老冒、怪人，还是其他的什么玩意儿。在学校里，老师每天都在考我、问我，想看看我有没有努力学习。他们希望我变成一个彻头彻尾的书呆子。下午，教练就开始不停地训斥我打棒球的姿势不对。回到家后，爸爸妈妈就开始检查我的家庭作业，数落我因粗心而拼错的单词和难看的字迹。我姐姐批评我梳头的方式，还说我是个怪人，我连我姐姐那一关都没通过。一天到晚，没完没了。即使在周末，他们也不放过我。我真希望我能拥有属于我的一整天，一个完完全全属于自己的24小时，人们都接受一个真实的我，而不去看我做的是对还是错。"

从高中到大学，从学习成绩、社交能力再到其他方面，学生们都在不停地努力表现，不停地接受评判，几乎没有喘息的机会。老师、家长和同学一直都在盯着他们的表现。这种没有间歇的压力使一个人很难真正地了解自己。学生把过多的精力都放在了在别人面前的表现上，以至于没有多少精力用来发现内在的自我。在"内省"这一章（第6章）里谈到的成长过程，应该像锻炼肌肉一样得到实施，以实现事业起步时期的成功着陆。

再现主题与不同之处

青少年如何了解自己呢？我在第6章谈到了如何寻找在孩子成长过程中以不同形式不断重复出现的主题。孩子需要回顾过去，找到不断重复的主题。一个高中生或大学生可能会发现自己十分乐于参加与艺术有关的活动，或者在帮助需要援助的人时，自己会感到很有成就感。正是这些重复出现的主题给青少年提供了重要的线索，去发现自我，找到前进的方向。

要发现自己的独特性，青少年需要先把自己和身边的朋友区分开来。最重要的是，他们要发现波·布朗森在《我应该如何生活》一书中提到的"甜点"（英文原文为 Sweet Spot，指网球球拍的中心区域，当球被打在该区域时，球的弹力较大，球速较快，不费臂力。本文指能让人发挥优势的兴趣、爱好、能力等。——译者注）。发现这个常被隐藏起来的区域可以带来长期的职业满足感。正如布朗森所说："教育很重要，但还远远不够，我们中很多有修养的人只能发挥出 1/4 的能力，对自己在这个世界所处的位置茫然不知，对现代文明生产力的贡献微乎其微。他们感觉自己是一个旁观者，没有发挥自己的潜能。我们对他们的指导要做得更好。我们要鼓励人们发现自己的'甜点'。"如果成年人知道自己现在做的正是小时候喜欢做的事情，他们就更有可能对自己现在做的事情充满热情。

价值观和目标

自我发现能帮助一个人认识到对自己最重要的事情。青少年应该对信仰坚定不移，深刻地感受到什么是对自己重要的东西。不是所有的青少年都拥有能

够激发思维或想法的目标，这些目标仿佛炽热的煤炭一样在体内燃烧。而那些拥有目标的青少年，应该把自己的价值观和信仰同职业规划结合起来。一个坚决拥护野生动物保护的学生，可能会成为兽医或动物园管理员。一个维护少数民族公民权利的学生，可能会进入法律界或政界。一个对盗窃和暴力行为深恶痛绝的学生，则可能会成为警察。希望减轻他人的负担或信仰宗教都会影响一个人职业道路的选择。**一旦孩子找到自己所信仰的东西，他们就可以决定他们的价值观通过何种方式来影响自己未来职业的选择。**

扎实掌握职业所需技能

关于重塑（工具、手段）的那一章描述了青少年要拥有一个良好的职业开端所需要掌握的技能。青少年应该了解自己所缺乏的技能，这样才能决定自己是要努力弥补缺点，还是要开始思考如何避免从事自己不擅长的工作。与此同等重要的是，青少年还要了解自己的强项以及如何将这些强项应用于实际工作中。

成功就像维生素一样重要。缺乏成功，任何人都不可能健康地成长，我对此深信不疑。每一个青少年都要发现自己的优势并妥善加以利用，并享受其带来的满足感和他人的认可。

运动员精通运动技能，艺术家精通鉴赏技能。有的孩子精通一门或几门自己真正感兴趣的课程，他们与那些为了上大学而考高分的孩子不同。人气旺盛的学生掌握了较强的社交能力，不过当身边的朋友都相继离开，走向各自的生活轨道时，这种人气就很容易逐渐消失。如果初入职场的年轻人找不到一项能令自己感觉不错的技能，这将会给他带来深深的失落感。

创造性的技能有很多，例如服装设计、陶器制作和歌曲创作等。当然还有些学生擅长某一科目或课题。例如，有的学生可能会相当了解卡车、电脑、视听设备或考古学方面的知识。获取专业知识就像补充营养一样，它可以帮助青少年培养心智并强壮身体。如果一个学生比身边的人在某一方面懂得更多一些，他就会感受到其他人的认可以及自己的重要性。

每个孩子都要积极努力地掌握技能。每个人都要找到感觉不错并适合自己的才艺领域。青少年最好能多掌握几门技能，但也不能"贪多嚼不烂"。他所掌握的技能最终将会指引他走向适合自己心智的职业领域。

孩子和父母都要明白一点，没有人可以精通所有事情。有时，家长期望青少年能全面发展，做好自己努力做的每一件事。但是，完美无缺有时甚至会带来致命的危险。如果一个人样样精通，那他怎么能找到生活中最适合自己的事情呢？这就是为什么有些多才多艺的孩子在刚参加工作时会"坠机"，因为他们无法决定自己做得最好的事情是什么。

每个人都要学会如何应对失败和不如意的感觉。这是所有人迟早都要经历的，当然越早越好。克服缺点可以让人变得更加坚毅。或许这就是为什么很多人上学时忙于应付难题，后来却成为能力卓越和有非凡影响力的成年人。

学会管理时间

草莓酱和番茄酱味道都很美，但是要把这两样混在一起吃却不是个好主意。分段就是要把生活里各个不同的部分适当地区分开来，这样各部分之间就不会相互冲突或牵绊。但是把生活分段不是一件容易的事情，很多青少年和成年人都碰到过这种挑战。

首先，青少年可以问自己："我应该在每一段时间里做什么事情呢？"答案就是把生活中不同的活动或其他部分安排到各个时间段内。下面的图表讲述了一个叫本的青少年一天的生活分段情况。

表 12.1　青少年本的生活分段

家庭生活	社交生活	作 业
小狗雷吉	宗 教	电脑游戏／电视
足 球	烦心事	宠物店打工

有了这张表格，本就可以考虑在什么时候、该怎样来处理每一件事情。最重要的是，本在明白各部分之间的重要关系的同时，还可以确保自己每次只需专心致志地办一件事或思考一件事。

有的学生无法认真刻苦地学习，因为他们的社交生活老是影响到其他部分。一个中学生说道："我在学习期间就开始想交女朋友，而且一发不可收拾。"不幸的是，对很多孩子来说，由于他们的社交活动太多，导致了生活混乱不堪。这个学生的成绩一落千丈，与家人的争执不断升级，还忘记了给小狗喂食，最终沉迷于社交生活的他辞掉了在宠物店的工作。

一个老生常谈的谚语告诫我们，每一个人都要"努力工作，尽情娱乐"。**只要把各种活动都区分开，不要彼此相互影响，就可以有足够的时间来把两件事都做好。这就是为什么青少年要注意把兴趣爱好和责任义务两者好好地区别开来。**

巧绘未来蓝图

不管我问哪一个年龄段的孩子他长大了想做什么，他的答案不是"我不知道"，就是"我从来都没有想过这个问题"。这简直让我不敢相信！他往往在后面还要加上一句底气不足的评论："我的朋友也都不知道。"这样的回答让人无法接受。青少年要有一些自己的想法，不然未来就是一片迷茫。

在之前的几代人中，子承父业是很普遍的事，父母的生活就是孩子未来生活的标本。在世界上的很多地方，大多数孩子就读于职业高中，在他们16岁的时候，他们就很清楚今后将如何养活自己。这种做法基于这样一种认识：一个十四五岁的孩子就可以确定自己成年后想做什么。这种假设当然是站不住脚的。但是，这种做法也确实起到了帮助孩子思考自己未来的作用，这样他就不大可能在22岁的时候遭受现实无情的打击了。

我告诉孩子们，他们必须明白自己长大了可能会做什么，但在这期间他们可以随时改变自己的想法，很多人都是这样做的。但对未来的茫然无知，则会给20多岁的年轻人带来不安和困难。每当孩子冒出一个新念头，他们实际上就是在尝试这个志向是不是适合自己。他们先接受这个新想法一段时间，然后要么继续保持，有时还会修改一下，要么彻底放弃它，再采纳其他新的想法。

青少年，包括大学生在内，都应该积极筹划今后可做的工作。近年来，实习和兼职工作的机会越来越多了。这些经验可以让学生们小试牛刀，并花一些时间去观察、了解某个行业内的员工的日常工作。暑期实习就给学生提供了这样的机会。我认识一些很聪明的孩子。他们自己设计实习计划，自愿为当地的报社或政治竞选做义工，或者在焊接车间里帮忙，或者在 IT 公司工作。工作的时候，青少年应该积极地观察正式员工的做法，想想如果自己今后从事和他们一样的职业将会是什么样子。他们可以判定自己是否对日常工作感兴趣，同时品尝其中的甘苦。

青少年要度过一个快乐的假期，但假期里至少要有一段时间用在工作实习上。这种经验不但可以被视为进入名校的王牌，而且还是促使青少年对工作进行思考的一种不可缺少的方式，这也有助于他们积极地诠释自己的未来世界。

很多年来，我一直担任罗兹奖学金评选委员会委员，负责评选出年轻人赴牛津大学就读 2 年～3 年。参加面试的有美国一流大学的学生，其中很多人注定将成为各个领域的领袖人物。他们几乎人人都在暑期参与各种公益活动。我认为那些把暑假花在完善网球、骑马、游泳和其他放纵性娱乐技能上的孩子，对他们自己是不负责的。青少年应该利用暑假的大部分时间认真思考自己的未来。

孩子可以通过预先制订计划，设想将来会遇到的各种职业角色。学工商管理的学生最后可能会去经营房地产、管理饭店、开洗车厂或成为大公司的老板。对宗教感兴趣的学生可能成为牧师、宗教学教师、宗教作家或坦桑尼亚的传教士。幸运的是，青少年并不需要立即决定自己将来要从事的具体职业是什么，而只需规划今后从事哪个领域工作的可能性比较大就可以了。很多医学院的学生并不知道自己今后要专门研究哪一科，但他们很期待自己今后可以做医生。

青少年如何思考今后做什么呢？他们需要综合采用不同的方式。首先，必须要遵从自己的本能和热情；其次，回顾自己曾经最感兴趣的经历；再次，借鉴自己认识的成年人的经验或通过其他途径了解到的情况，问自己是否想成为那样的人；最后，应该尽一切可能努力找到吸引自己的工作。对卫生保健感兴趣的学生可以参观当地的医院，或做义工。想在航空方面有所作为的学生可以和飞行员交流，参观飞机维护设施。

但有的孩子很快就会变得很消极。有的学生会说："我很想当一名医生，但我觉得我考不上医学院。"或者，"我用尽了一切方法想当一名警察，但我肯定无法通过考试。"再有，"我想成为动物园的园长，但是这种工作太难找了。"类

似这样的想法使这些有前途的孩子面前通向未来的大门关闭了，但是只要他们还有勇气去梦想，这扇门就会为他们再敞开。**青少年应该多想想自己期望什么，而不是自己能得到什么。**这样，孩子很有可能最终得到比原先期望的多得多的东西，并从中获得更大的乐趣。

第 *13* 章　初入职场试锋芒

审视过去，展望未来

　　我想在这样一种环境中工作：在工作中，人人都真正热爱自己所做的事情。他们不仅仅是为了报酬而工作，而且还肩负自己的使命，这个使命就是一个可以让他们坚信不疑的理想。我认为，在人生的这个阶段，我还很年轻，有足够的时间和他们一起工作，也能承受任何风险。即使没有成功，我也可以从头再来，而几年之后我可能就再也没有资本来做同样的事情了。

C. T. 24 岁

择业要趁早
Ready or Not, Here Life Comes

在初入职场的那段岁月里，大多数年轻人持有忐忑不安的矛盾心态，他们不断地进行自我评估："我现在在哪儿？""我喜欢我所做的事情吗？""这份工作会有前途吗？""我是谁，对我来说最重要的是什么？""这是我应处的位置吗？""我原先的计划目前看起来合理吗？""我幸福吗？"类似的问题会带来不快，有时会使人痛苦。

在刚参加工作的头几年里，生活的相对稳定取决于下图所描绘的几种不稳定的平衡关系。这就是本章将要探讨的问题。

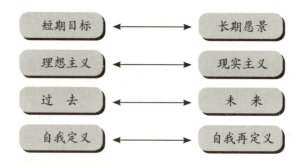

图 13.1　刚参加工作时要保持的几种平衡关系

短期目标和长期愿景

在这种不稳定的平衡关系中，一边是短期的要求和目标，另一边是长期的愿景和抱负，两者之间脆弱的平衡让一个接一个刚参加工作的年轻人陷入困境。我能在日复一日处理纷繁的工作事务的同时保持工作激情，最终达到事业顶峰吗？我是不是觉得接连不断的工作就像一台失控的跑步机？我又怎样在做小事的时候还能感觉自己很伟大？答案是，我必须要这么做。年轻人可能不得不做很多枯燥乏味的工作，但是决不能任性地由于憎恨工作而无法令人满意地完成工作。

挫折和振作

在《青年危机》一书中，亚历山德拉·罗宾斯和艾比·维尔纳提出警告："没有经验的成年人和刚毕业的大学生正逐渐认识到，20岁出头的日子并不像自己所想象的那样充满欢乐，那是一段充满了成功和挫折的旅程。"此外，刚参加工作的年轻人很容易觉得自己被老板剥削，薪水太低，而且根本没有受到重用。格洛里亚就是这样的人。在工作上受到挫折时，她甚至无法向自己的父母求助，也不能从他们那儿得到自己在工作中渴望得到的赞扬。她爸爸不可能说："格洛里亚，你为柯林斯做会计，做得不错。"如果格洛里亚一向习惯老师和家里人对她的赞赏，那么她现在一定很痛苦，觉得自己是一个跌落的偶像，那她又该如何对待这种挫折呢？当她第一次得到这份工作时，所有的人都羡慕她。可现在，昔日的光芒已渐渐褪去，她开始意识到自己不可能成为公司里的高层管理者。但是格洛里亚不应该忘记，世上还有其他很多更有发展前景的公司。她在留意自己的长期目标的同时，也应该处理一些困扰她的日常琐事。她不能让自己倒下，而是要把现在的工作看做一个生活周期的一部分。

以下是刚参加工作时会遇到的几类典型挫折：

◆ 斯科特在一家公司工作了8个月。公司为了给新来的行政助理腾出空间，让他从原来那间宽敞的办公室，搬到一个连窗户都没有的小

房间里。当他星期一上班的时候，发现自己的东西都被人搬走了。没有人告诉他会这样，也没有人问过他的感受。他不明白为什么偏偏是他被流放到了那个小角落。他觉得真是太丢人了；

◆ 玛丽·贝丝不明白为什么她的项目经理米莉从不邀请她一起吃午餐。除了自己之外，米莉好像曾经跟办公室里的大多数人一起吃过午餐。玛丽觉得自己受到了冷落和伤害。在她的公司里，和谁一起共进午餐是件很重要的事；

◆ 拉杰是一名软件工程师，他对自己目前的工作感到厌烦，于是他向一家新公司申请信息技术部门的负责人一职。他知道自己完全胜任这个职位，可是却输给了一个经验不如他丰富，技术也不如他娴熟的人。他认定他的印度背景和口音是他没有被录用的原因。这是他第三次因为这样的事感到失望了；

◆ 在公司一次全体职员（有 150 多人）大会上，一个新软件得到了主管的赞扬。是韦恩安装并教会大家使用这个软件，但是他的名字却没有被提到。尽管他经常在公司待到半夜，把程序安装到每个人的台式电脑上并调试好，可他没有受到任何褒奖；

◆ 丽塔现在怀了第二个孩子，她还有一个 11 个月大的小孩。小孩经常生病，高烧不断。因为孩子生病时她不放心把孩子留给他人看管，所以过去半年她很多天都没有来上班。她在这家快餐店已经工作 4 年了。最近，该店的经理被解雇了。丽塔曾接受过管理培训，她认为自己会得到这个高薪职位。可是连锁店从外面安排了一个年纪比丽塔大的妇女过来，她的孩子都已经长大成人了。丽塔很生气，也很失望，觉得别人因为她处于特殊的人生阶段而歧视她。

隧道终点总会有光明在等待。不幸的是，一些刚参加工作的年轻人因为无法治愈暂时的心灵创伤而放弃了长远计划。他们应该把这些伤害视为暂时的挫折，不能因这些而妨碍了自己的理想。

调整攀登的步调

时间就是一切，时间需要合理的计划。幻想在事业刚起步时就不费吹灰之力地得到金钱、权力或一夜成名，最终都会以失败而收场。当然，我们也听说过极个别的人成功地对抗了"地心引力"，早早地飞上了成功的枝头。但每一个成功故事的背后，都有很多因"欲速则不达"而付出了沉重代价的教训。

初入职场的年轻人应该先争取小的胜利，努力获得持续的成功。青少年需要巧妙地降低短期目标。我们在北卡罗来纳州的中心要不时地雇用临时秘书，他们的工作表现存在如此巨大的差异，常常令我震惊不已。有的人付出了额外的工作时间却从未索要额外的报酬，他们对工作表现出强烈的热情，怀着极大的兴趣出色地完成了工作；另外一些人则勉强蒙混过关，有的则被辞掉。我相信不断地为工作付出努力——不管是什么工作，对工作有什么看法，都会给年轻人注入强大的事业动力，一定会带给他最强的满足感和职业煅炼。

同时，有的年轻人也会实现或超越了当前的目标，那么他就应该向前看，研究职位比他高的人，并把目光瞄准鼎盛阶段。在他的传记里，这一阶段的他赢得万人瞩目，领导众人，创造财富，做有益于社会的事，具有无穷的创造力，成就非凡的事业。年轻人不应该被日复一日的例行公事和烦恼遮蔽了光明的前景。在事业上升过程中，年轻人应该寻求并珍惜适当的加薪和他人的认可。

寻求生活的稳定是调整步调过程中的一部分。结婚生子可以给一个刚工作不久却漫无目的的年轻人提供停泊的港湾，而对事业刚起步的人来说，也许晚婚、晚育是更好的选择。杰弗里·詹森·阿内特在《成人期伊始》(*Emerging Adulthood*) 一书中研究了很多 20 来岁的年轻人，他发现不稳定是年轻人这个时期生活的重要特征。很多人频繁地搬家，换了很多工作。正如阿内特所说："虽然他们还没有找到自己想要的东西，但似乎并没有一扇门对他们永远关闭……即使是快 30 岁了，有的人还在不断地寻觅，仍然希望找到一份比现在更好的工作。但是一旦快 30 岁了，马上就脱离成人期早期并要扮演成年人角色的时候，他们的选择就开始减少了。"所以，快到 30 岁时，人们就会发现自己处于某种压力之下，不得不加快步伐以找到一份比较稳定的工作。

当理想照进现实

年轻人面对无情的工作现实时，他们大部分都还很天真。出乎意料的是，因天真而遭受看似灾难性的挫折，与上面描述的挫伤所带来的影响是不同的。以下是几个刚参加工作的年轻人由于天真无知而造成的自尊心受损的例子：

天真的期望

◆ 亚尼内很喜欢她在生化实验室的工作。她拥有博士学位，正在做的研究很重要，也很有前途。但她认为她的老板是一个"蠢货"。她的老板学术水平很高，在这个领域德高望重，还出版过很多研究著作，得到过美国卫生研究院提供的丰厚的研究基金。但是老板对待亚尼内就像对待自己的仆人一样。他从来没有跟亚尼内说过一句好听的话，一举一动就像一个极端的大男子主义者，还不停地窃取亚尼内的研究成果，以博取更多的荣誉。亚尼内很害怕她的老板，因为老板可以在生化酶领域操纵她的前途。亚尼内以前曾以为自己的老板会成为她的良师益友。在她的成长过程中，应该有人警告她，参加工作时对老板或导师的期望破灭是件很平常的事。而且，有的老板自己也缺乏安全感，所以不会去保护自己的下属。亚尼内从来没有想过这样的事会发生在她身上，现在她觉得自己像个人质；

◆ 鲍勃崩溃了。他在一家炼油厂工作，这次没有获得晋升。他觉得自己每件事都做得很好，工作业绩也很突出。他对人很友善，总是力所能及地去帮助别人克服困难，这是一个具备团队精神的典型人物。鲍勃为了工作常常早出晚归。他尽可能地做到衣着得体，谈吐不凡，举止得当。可得到晋升的却是他的同事罗德尼，而不是他。罗德尼比鲍勃年轻，经验不如他丰富，工作还没有他一半努力，技术能力也很明显没有他强。但罗德尼却想方设法讨好高层行政主管，而且他和首席执行官毕业于同一所大学。在消息公布后的第二天，他不知道自己应该怎样面对同事，心中满是愤怒和羞耻。他曾天真地认为最终赢得胜利的总是那些做得最多、最好的人；

◆ 库尔特在道奇卡车代理商那里的头四年里获得了各种荣誉。他好几次都是月销售冠军，还和一个富有的采购商建立了良好的客户关系。库尔特真的很喜欢公司，他也经常从老板那儿得到鼓舞人心的反馈。他还梦想着有朝一日能当上销售经理。但是不久，在一次很平常的销售不景气周期中，库尔特被解雇了。按规定，他提前两周接到解雇通知，并得到了相当于一个月工资的解雇金。库尔特对这一切感到目瞪口呆。"他们怎么能这样对我呢？"他们当然可以这样对他，而且也这么做了。库尔特信奉的所谓"由来已久的忠诚"只不过是个天真的想法。他不停地想："我总是尽最大努力为他们工作。"但是在现实世界里，公司只会在乎自己的利益，不会对他有多少感激之情。库尔特从来没有想过会发生这样的事情，也不知道该怎么办。他不习惯提出一些可以保护自己的明智的假设问题。例如，"如果有一天我被解雇了，该怎么办？"但是库尔特早就应该这么做的。

天真的错误

梅琳达把工作辞了，因为她觉得自己的工作"很乏味、无聊"，而且她不喜欢她的老板。此外，她找到了一份薪水较高的工作。就在她离开之前，她在每个人面前中伤她的老板，用一种愚蠢自大的口吻告诉别人有关老板的一些事情。在一番攻击宣泄之后，她感觉棒极了。因为她再也不会在她的老板手下工作了，他再也没有机会伤害她了。但是梅琳达错了！两年之后，梅琳达欲应聘一家新公司的职位，这个职位看起来很适合她。虽然梅琳达没有把她的第一个老板列为证明人，新公司的首席执行官还是给她的第一个老板打了电话。这位老板觉得让自己说点梅琳达的好话实在很难。当她得知自己没有被雇用时，她觉得要崩溃了。但是她应该明白，人永远不能过河拆桥。事实上，**你如何离开一份工作远比开始一份工作更重要。**

我手下一些员工事先没给任何通知就要辞职。我还记得有一个 27 岁的年轻人，周四的时候他告诉我们他下周一就要走了。他从来没有问过这会不会给别

人带来麻烦，好像也不在乎我们是否会因为他的突然辞职而受到影响。他还口口声声地说我们欠他几天假期呢。几年后，一个可能成为他未来老板的雇主打电话来询问他任职期间的情况，我们的一个主管客观地描述了他离开时的情景，最后他没有被这个老板雇用。还有的实习生，和我们一起工作了 2 年，走的时候都没有跟我——他们的老板，说句"再见"或"谢谢"。这并不是因为他们心胸狭窄或者心怀怨气，他们只是太天真了。过河拆桥的年轻人只会不停地留下让人反感的印象和坏名声。

刚参加工作的年轻人也会犯下一个致命的错误，那就是在任何场合都讨好老板，而忽视了培养和同事或下属的良好关系。**这种明显的阿谀奉承只会疏远自己的同事，最后他们有可能会反过来暗中破坏他的名誉，甚至或许还会在老板面前说他的坏话。只想着给老板留个好印象也是一种天真的错误。**

从头再来

在刚参加工作的几年里，年轻人应该预料到上述潜在的危险。他们需要做好应对突发事件的准备。不能一旦陷入人生的逆流就要抛弃自己的人生使命。即使是觉得停滞不前，也要知道如何把目光放长远一些。在因天真而受到的伤害中恢复过来时，他们可能遭受到悲观主义和宿命论的双重折磨，变成一个保守而不敢冒险的人，并因此放弃所有的抱负，小心翼翼地过日子。如果这样，他们就抛弃了自己的理想。但要知道，"不入虎穴，焉得虎子！"他们应该积极地摒弃这些消极情绪。要坚信：我可以输掉几场球赛，但我照样可以赢得世界联赛的冠军。事实常常如此。

过去和未来

想在职场高速公路上安全行驶，洁净的前挡风玻璃和保养得当的后视镜同样必不可少。初入职场的年轻人应该向前看，想好所期待的未来生活是什么样子、该怎样度过；同时还要回顾过去，因为过去和将来存在着一定的联系。

自我诊断

如果事业刚起步的年轻人迷失了方向，他们应该从哪里寻求指导呢？很多职业咨询师建议他们发现并遵循自己的爱好。在《我应该如何生活》一书中，波·布朗森主张："人人都有激情，只要我们去发现。但我们更多的是要回顾过去，而不是展望未来。我们应该丢掉这样的预想：我们的激情应该是什么样的，不应该是什么样的。"一个觉得自己处于困境的年轻人应该回顾自己的过去。很多人都盲目地纵身投入自己的未来中，却忽视了植根于自己人生初期的隐秘的线索。他们应该挖掘能够指引自己前进方向的激情和财富。

回顾过去

无论初入职场的年轻人想在什么时候走上一条新的道路，他都应该首先回顾过去，从自传里寻找模式。例如，他可以从小时候的故事里挖掘出自己不断重复出现的爱好："哇，你知道吗？当我还是一个小孩的时候，照料小动物是我最快乐的时刻。"或帮助他人，或在户外活动。他可能会得出这样的结论："深夜的时候或当我听音乐的时候，我都会处于最佳的工作状态。"展望未来最有效的方式就是寻找建立在不断重复出现的主题之上的工作，它可以帮助暂时迷路的年轻人重返正确的道路。

不断重复出现的主题还包括在各种情况下突然出现的特征。例如，"我认为我是那种反应过激的人。"年轻人要认真地对待这些线索，尤其在形成职业价值观的时候。在回顾过去的倾向和特征时，应该尽可能把想到的东西都记下来，因为人脑要记的东西实在太多了。通过记下关于人生境遇、成长过程和不断重复出现的主题内容，年轻人可以反思、更新并提高自我研究。

一个清晰的自我形象诞生之后，年轻人如果要改变原计划，这仍然是一个需要考虑平衡的举动，需要考虑现实的因素，然后作出谨慎的策略计划。计划应该包括一系列的选择和候补计划，以备不时之需。接下来，就要开始寻找机会了。有哪些工作可供选择呢？这时需要耐心和让步，并甘愿冒一定的风险。例如，如果年轻人现在需要干的这份工作与他10年后想干的工作相比，薪水要

低或层次也低，那么，他应该赶快做一份短工，当做今后的资历或有益的经验，尽管他并不想长期做这份工作。刚参加工作的年轻人不可能得到自己想要的所有东西，也不可能随时得到自己想要的东西。在一个以极度享乐和快速满足为人生信条的年龄段，这或许是很难让人接受的教训。

最后两个有助于成功的要素是运气和机会。人们很难计算运气和机会什么时候来临，但是一个有准备的年轻人知道如何或何时把握机会。

自我定义和再定义

每个人在工作的时候都是一个演员。扮演好自己的角色有助于定义自我。但这并不是定义自我的全部，因为人们还要定义自己在家庭、社区和自己内心深处的角色。本部分主要讲述最重要的一种定义——工作上的自我定义。

你认为自己是什么样的人？

"当人们有麻烦的时候，他们都会来找我。"

"我是一个井井有条的人。"

"我每天都是第一个来上班的人。"

"我是我周围的人里面工作最勤奋的一个。"

"我觉得我是这里最有见地的人。"

在职业生涯里多次变换工作是正常的，无论是自愿的还是被迫的。在任何一种情况下，决定下一步要做什么，至少有一部分要取决于当时这个人是如何认识自己的。如果一切进展顺利，自己也充分地了解自己，那么变换工作对他们来说是一次令人陶醉的自我延续。

就拿我所在的非营利机构 AKM 研究所的首席执行官马克·格雷森为例，他曾出色地把我们的工作推广到了全国和全世界，提升了我们项目的价值，并有效地进行了宣传。他还成功地为本机构筹集资金，使其在创办的头 10 年里保持收支平衡。马克出道时曾是好莱坞星探，后来担任过儿童电视节目的主管。在这个世界上，一个人如何才能成为非营利机构的首席执行官呢？马克是位优秀的电视人，这对我们的项目走向全国是至关重要的。他懂得如何运营项目。在好莱坞的经历教会了他如何对付爱发脾气的人，也知道如何推广好点子。他做儿童电视节目的经验让他领会了技术的潜能并对儿童的需求有了一定认识，所以马克向未来前进时，从来不拒绝或否认自己的过去。当他再次定义自己时，他会好好地利用以前的自我定义，每一步都高瞻远瞩地为下一步做好了准备和铺垫。这无疑就是我们要走的道路。

当自我定义处于稳定的状态，而不是完全停滞时，事业就很容易向前发展并蒸蒸日上。但一些刚参加工作的年轻人就像换袜子一样频繁地转换自我形象。西蒙就是一个例子，他还在上大学的时候我就认识他了。起初，他告诉我："我喜欢和别人一起工作。我想帮助别人，与别人合作，真正地了解和我一起工作的人。我认为我就是这样的一个人，今后也是如此。"仅仅几个月之后，当我再次见到西蒙的时候，他又说道："我才不关心我做什么工作，和什么样的人一起工作呢！我只关心有没有机会发挥我的创造力，独立做自己想做的事。"虽然西蒙的第二次自我分析和第一次并不矛盾，但两次强调的重点却有了明显的变化。

很多像西蒙一样的就业准备不足的年轻人，在20多岁的时候似乎在尝试并检验各种新的自我定义。他们不停地变换工作来适应最新的自我定义，因为他们不能确定对真实的自我的最终看法。在刚参加工作的头几年进行一定程度的探索和试验是可取的，但如果一直不能确立一种自我形象并为之工作，那就太离谱了。

当年轻人遭受矛盾心态的折磨时，事业动力会明显地减弱。很多就业准备不足的年轻人都感染了这种病毒，所以工作时对所做的一切都抱有复杂的情感。在某种程度上来说，矛盾心态是心智的一种自然状态，会在职业生涯里不断地重复出现。对自己的工作生活抱有一丝怀疑是正常的，但是当它严重侵蚀了发挥最佳表现所需的热情时，就会使人无法正常工作。

17世纪法国哲学家布莱斯·帕斯卡建议读者都要坚信上帝的存在，即使他们不信神。他说这是一个合理的赌注，因为读者不会失去任何东西，却可以赢得一切。这也同样适用于工作的初期阶段，年轻人可以为此赌上一把，让自己相信：至少现在，这份工作就是他应该做的。有的人却没能用上帕斯卡的赌注。他们可能不知道矛盾心态是一种很难改掉的习惯。他们对工作缺乏热情的状况很可

能被身边的同事或上级看到，结果只会导致长期对职业不满、业绩平庸和明显缺乏成就感。

不要过于迷信药物治疗

越来越多因就业准备不足而痛苦不堪的年轻人，发现或认定自己患有某种疾病。一旦得到诊断标签，他们就会多少感到解脱。以下就是一些这样的例子：

- 安德鲁发现他患有"成人注意力缺乏综合症"。他希望自己要是能早点知道就好了。心理医生的诊断说明了一切，包括他为什么总不能安静下来，为什么他在学校表现很差，或许还解释了他酗酒的原因。精神治疗的作用确实不同凡响；

- 在读了一份很有启发性的杂志广告之后，简告诉所有人她患有"化学元素失调征"，这就是她很难完成工作任务的原因。她坚信每天服用一定剂量的"重金属"帮了她很大的忙。现在她让她的孩子也服用同样的化学物质；

- 汉克的心理医生告诉他，他患有慢性抑郁症。他已经隐隐约约感觉到了，但他并不认为这是一种精神疾病。直到心理医生让他看清了事情的真相，他才明白，原来工作上的不快乐源自于抑郁症。但是汉克的心理医生自始至终都没有明确提出这样一种可能，那就是他的抑郁症源于工作上的不快乐。现在，汉克转向医生寻求"适当的药物治疗"；

- 维拉的一生都存在表现不一的状况。有时她对工作的热情很高，有时却感到很疲倦、缺乏进取心。几个月前，医生告诉维拉，她似乎患有躁狂忧郁症。维拉很高兴终于找到了自己情绪反复无常的原因。在接受了药物治疗后，维拉感觉好多了，但一到工作的时候，她还是像以前一样情绪极不稳定。

得到诊断时，很多年轻人感觉真正地松了一口气，但是判定这种诊断正确与否却很难，也很令人沮丧。有时这种诊断仅仅是为了图方便，只是给复杂的生活状况作出了一个简单的解释。诊断也可以用来帮助年轻人摆脱困境。如果是"注意力缺乏综合症"导致了所有的苦恼，那这个年轻人就不需要再为自己的缺点或失败反复自责了。临床医师可能总是急于给病人贴标签，毕竟，开个处方比试图理顺复杂的职业问题简单多了。

注意力缺乏和躁狂忧郁症、抑郁症确实存在，也需要引起医学专家的注意。但他们有时对各种所谓的"功能紊乱"的诊断可能过了头，或还没有仔细地询问病人的生活状况就草草地下了结论。毫无疑问，注意力或情绪问题可能是由痛苦的经历引起的。

当就业准备不足的年轻人开始接受药物治疗时，结果只会使原本复杂的情况变得更加复杂。典型的状况是这样：药物会产生一些疗效，但却不能完全解决问题。药物治疗有点像在已经发炎的伤口上缠上绷带，看上去好多了，但根本没有触及就业准备不足的深层次的问题。通常的情况是，药物会一时有效，但随着时间的推移，其作用则会逐渐减退。这样，临床医师就会加大剂量或尝试新药。每次换服新药都会产生一些好的效果，但那只是暂时的，除非病人接受治疗的同时在工作上出现了新的转机。另外，长期服用药物也会使身体产生抗体，以至于药物越来越不起作用。

无可否认，抗抑郁剂、情绪稳定剂和兴奋剂会对一些正在痛苦中挣扎的年轻人有所帮助，但是治疗只能解决问题的一部分。药物不应该被视为是包治百病的魔术弹或万灵丹。无论有没有接受药物治疗，年轻人都需要得到自我定义和再定义方面的帮助。当年轻人的生活看似没有任何进展的时候，最好的临床医师会用多种方法来帮助年轻人找准生活的方向。

自我拯救

我经常会接到绝望的母亲们的电话或电子邮件，想要我去看看她们有学习问题和适应问题的儿子或女儿。其中一个"孩子"其实是一个极度消沉的20岁男子，没有工作，有时还吸毒并贩卖毒品。我解释道，我是一个儿科医生，所以不给17岁以上的年轻人看病。

接下来，那个母亲问了一个令人心碎的问题："那谁能帮帮他呢？"我会建议那"孩子"去做神经心理学测试，来了解他的优势和劣势。测试的结果会带来一些启发，但结果未必会转变成为切实的行动计划。我们有专业的心理学家和咨询师主持职业倾向或生活方式的测试，目的在于发现一些有用的模式。但通常很多刚参加工作的年轻人很难对测试的结果作出反应，并且采取行动。我可以尽力给那位母亲介绍一个成人精神病医师或临床心理学家，但如果那些医师或专家只靠《诊断和统计手册》就草草地给她儿子贴上一个标签，应该怎么办呢？医师的答案很可能就是药物治疗。正如我们见到的，它充其量只能解决部分问题。

小组治疗方案的效果最好。一个受挫的年轻人所需要的职业指导，应建立在对他的神经发育状况的精确评估之上，只有这样才能够揭示他久久无法摆脱的心智债务、情感伤害评估和可能需要的治疗。如果职业指导不是基于对一个人的全面认识，那么就很可能会失败。

准确地评估之后，就业准备不足的年轻人应该咨询一位优秀的职业咨询师。有时，挣扎中的年轻人很难独自采纳建议并付诸实践。在头两个职业阶段里，他们需要有人陪伴，需要密切的跟踪观察和长期的指导。经过特别培训的咨询师、心理学家或社会工作者都可以胜任这项工作，但这样的人却很难找得到。一些大学提供一流的职业介绍服务，但一般不提供连续的跟踪指导和监控，而这些又正是很多就业准备不足的年轻人所必需的。

在《青年危机》一书中，罗宾斯和维尔纳对学校职业咨询办公室的效果持怀疑态度。他们说："职业中心实际上只是帮助学生准备简历，而不是教他们应该做什么……如果职业中心能实事求是地对毕业生说他们需要花些时间做行政工作，或被迫降低自己的职业标准可能会带来一些情感上的创伤，或理想的工作可能会与他们所学的专业无关等，那么这些年轻人可能会做好更加充分的准备。"

有帮助的咨询是存在的，但只是凤毛麟角。我们现在还没有能力大规模地提供与这些年轻人迫切需要的职业诊断和咨询相关的服务系统。这种服务应该如何收费也没有确定的标准。从长远来看，帮助学生顺利地从学校向职业生涯过渡，会节约司法系统、戒毒康复中心和失业救济所投入的资金。如果我们帮助那些就业准备不足的年轻人重新自我定义，用他们自己的洞察力来找到适合自己的位置，他们就能完全被拯救。

生活的乐趣

为了抵挡愤怒和谴责的攻击，我得赶紧再次强调一点，那就是，自我定义和个人满足并不是仅仅由工作和事业所决定的。每个人都应该想好自己希望从工作里获取多少快乐和满足。这是一个非常个人化的决定。大多数人从来没有公开地作过这种决定，但是他们每天都面临这个问题。实现自我定义和获取满足感有很多与工作无关的来源，如供养家庭、精神追求、娱乐活动、工作之外的兴趣、各种消遣等。有人说生活里重要的不是你做什么，而是你是谁。但我认为这两点是密不可分的。

我在写这本书的时候曾和纽约一个投资银行家谈过话。我问他给20多岁的下属提出过一些什么建议。他回答道："我要先让他们知道在他们职业生涯的这个阶段，工作并不怎么有趣。所以他们要保证，在工作之外能有时间从事自己感兴趣的活动。"工作之外的活动像一个绝缘层，隔离了年轻人刚参加工作时会遇到的苦恼。

然而事实证明，最有用的分心术是那些需要付出精力的活动。在某些耗费大量精力的娱乐活动中可以发现巨大的价值，这与那些被动的不用费力的消遣是不同的。练习吹笛子、给玫瑰花园除草、学打高尔夫、听从私人教练有点不近人情的训导、剥掉老式橡木书橱上的老漆，都是工作之外需要付出精力的活动。我花了很多时间打理农场的琐事，虽然我常感觉这像强制劳动，但我发现这种活动有治疗效果，还可以减轻压力。有些人的业余生活无非就是看电视、看电影、购物和从事一些完全不用费力的娱乐活动。这样的人在逃离困苦或单调的工作时，不太容易体验到一种积极的解脱。

我们每一个人都要决定自己把多少时间花在与工作无关的活动上，并从中获得多少满足。决定通常是下意识的。那些决定着人们能从工作中和工作外得到多少满足的令人困惑的方程式，到底是什么样子呢？我不止一次地与我的实习生和雇员讨论这个问题。下面的表格描述了一个刚参加工作的年轻人每天的

时间分配情况。这个表格把工作和非工作追求区分开来。年轻人必须决定在每一个方面花费的时间比例和获取满足的比例。

表13.1　年轻人对工作和非工作追求的区分

需要付出努力的工作	
耗费精力的娱乐	无须耗费精力的娱乐
朋友和社交生活	精神活动、文化活动和公益活动
养　家	自主和独处的时间

寻找真我

◆ 工作可以积累经验，不管现在从事何种工作。这意味着工作总比无事可做要强，总比被认为"没有经验"而常被好工作拒绝要好得多，"没有经验"这个拒绝聘用的理由代价太昂贵了。我记得有一位年轻的女子，她告诉我她想去一家画廊工作，但是她应聘的每一家画廊都因她没有工作经验而拒绝了她。她很想知道，如果没有一个人愿意雇用她，那她怎样才能得到工作经验呢？答案就是，她可以先在百货商店的化妆品部门或在餐具店工作积累经验。很多经验都是可以变通的；

◆ 父母要与子女产生共鸣，而不只是说教或提出太多空洞或过于简单的建议；

◆ 刚参加工作的年轻人应该避免纯粹的物质追求或指望暴富的小伎俩，这不会给他们带来最终成功。如果所做的工作和自己的心智能够产生共鸣的话，年轻人会更容易获得物质上的回报；

◆ 人们不应该认为自己无路可退。错误的决定通常是可以挽救的。生活充满了不断的尝试与错误，没有人可以让错误中断自己前进的步伐。年轻人应该从错误中汲取经验教训，这样人生就会向好的方向急转弯；

◆ 事业是以年复一年的工作积累来衡量的。例如，有一个妇女想花很多时间来照料自己的小孩，那她就要想办法找一份可以在家里完成的工作或采取其他方法保住自己的工作。因为她明白，一旦过了这个阶段，她的事业还可以照样加速前进。我们一般不建议把一条职业道路封死，因为如果那样，想再回头就很难了；

◆ 年轻人永远不能放弃自己的激情，应该不停地寻找通向自己理想的道路。也就是说，做自己喜欢做的事并能够得到报酬；

◆ 年轻人要明白在工作中他们没有什么天赋的权利。老板不欠他们什么，而且老板也不会因为伤害到他们的自尊心而失眠。给人留个好印象实际上是件很有成就感的事情；

◆ 在刚开始工作时，在同一个领域内尝试不同的角色是个好主意。这意味着，如果一个人想成为编剧，但自己的剧本又卖不出去，那他可以考虑担任幕后策划或助理选角指导，这些工作或许最终让他回到编剧之路，当然也可以选择电影业中其他值得做的工作。在工作初期对某个职业过于执着可能会带来负面效果；

◆ 不断地发现自己现在从事的工作和最终希望从事的工作之间的联系是很重要的。有人可能会说："到最后，我想经营一家餐馆；在这家咖啡馆工作教会我很多关于客户服务的东西，我还仔细地观察了我的上级是如何管理咖啡馆的，她干得很棒。"顺便提一下，在应聘面试时，提到这样的联系是很有效果的；

◆ 每个人都应该有考虑周详的候补计划，当出现完全适合自己职业志向的就业机会时，他应该做好改变计划的准备。如果只守株待兔等着这样的好机会，或鲁莽地实行一个计划却深陷其中，这都是很危险的举动，最终会使你失去潜在的收获。

法国哲学家萨特曾经说过："人必须选择是为自己生活还是为别人而生活。"这句话暗示了初入职场的年轻人要面对的另一个难以应付的挑战。人们需要过一种适合自己的生活，而不是一种听起来正确的生活。世界上充满了各种年龄的装腔作势的人，他们是为别人而活，而不是为自己而活。刚参加工作的年轻人，

尤其要避免仅仅因为一项选择可能会使一个很酷的故事锦上添花，就匆匆作出重要的决定。虽然在个人的传记里成为一个魅力超凡的人物的想法很有诱惑力，但是生活的意义远不止于此。最著名的成功故事中的主人公总是那些拒绝随波逐流、不失本色的人。

后　记

卡萝尔·卡特的自白

在我的人生中，曾经历过一段可怕的时光，但我最终还是走上了正确的生活轨道。我觉得我在过去的 10 年里经历了太多的事情——在餐馆当服务生、卖女士内衣、做电话直销，还修复过系统崩溃的电脑。我又重新回到学校上学，搬回去和父母一起住，然后又搬出来。我曾一度情绪低落，为此还接受过药物治疗。在一连串的令人厌倦的罗曼史里挣扎过后，我开始酗酒、抽烟，最后结了婚，还生了一个小男孩。你知道吗？有时事情真的很糟糕，但是我觉得我学到了很多东西，关于人生，也关于我自己。

现在我在一家广告公司上班，这个工作很适合我。我对艺术、对一切有形的物体和形象（包括我自己）都很感兴趣。当我还是一个小女孩的时候，我就很喜欢画画和做诗。我也喜欢说服我的朋友和姐妹做些事情，向他们推销我所相信的东西或想让他们相信的东西。所以你明白了吧，我天生就是一

个跟艺术打交道并推销艺术的人！现在我在形象之星 (Image Star) 管理着几个大项目，工作业绩还不错，而且开始把新的业务带到公司里来。这是一个很有吸引力的挑战，尤其能带给我成功的感觉。它让我成为一个更成功的人，一个贤妻良母。我真希望在我年轻的时候就可以得到这一切，但有时我又觉得，我所经历的所有苦难能让我变得更加坚强。回顾我 20 岁到 30 岁之间的这 10 年，可以说是一段失败的旅程，但只要结果是好的，我也就没有什么抱怨了。

我认识很多人，他们并不像我一样走运——能够回归正道。他们的年龄和我一样大，有一些人还在走下坡路；在他们的生活中，灾难一个又一个地接踵而至。我还有一些朋友，他们辛苦地工作着，却一直找不到出路。他们肯定很不开心，对一切事情都感到极其厌倦，但是他们或许还没意识到自己的情绪有多低落。真希望我能帮助他们，真希望所有人都能为自己的人生做好更加充分的准备。

卡萝尔·卡特

"韩国第一妈妈"将三个华裔继子送进哈佛、耶鲁的亲身体验

张炳惠博士曾经在美国和日本有40年担任教授的经验，在总结东西方教育各自的优势与不足的基础上，写出了这本教育子女的经典之作。本书不是长篇大论的讲述道理，书中的文字像生活随笔一样短小精炼。本书的亮点是作者介绍了她把自己的三个孩子都培养成美国主流人才的教育秘诀。作者认为她教育子女的秘诀是非常单纯的。她认为父母在生活当中堂堂正正的生活姿态是家庭教育的根本所在。在本书中作者给读者强调了"好的孩子得于好父母的教育"这样一个单纯的真理。如果想培养好孩子的话，秘诀不要从孩子身上找，而要追寻到父母自身。

本书一经出版便引起了社会各界的高度重视，它的版权已经出售到日本等多个国家，使很多家长获益匪浅。

〔韩〕张炳惠 著

李世鹏 译

海天出版社

定价：22.00 元

韩国票选年度最佳好书

东亚最热销的教养圣经

亿万网民一举一动，尽在网络高手掌控

★ 小小 sex.com 域名凭什么赚取巨额财富？

★ 伟哥如何通过海量垃圾邮件大获成功？

★ 奥巴马如何玩转网络政治？

★ 为什么名人屁大一点儿的事比地震、海啸、战争、次贷危机这些天大的事更吸引人们的眼球？

★ YouTube 如何在短短 35 天里，做到从榜上无名到一鸣惊人？

★ 为什么微软仅为得到 facebook 1% 的股份就投资 5.8 亿美元？

鼎鼎大名的网络信息专家比尔·唐瑟尔展开了适时而精辟的分析，带领我们进入庞大的网络数据库的幕后世界，通过网络数据来剖析人们的特定网络行为，揭示人们内心，网站访问量的上升与下降，网站访问的群体细分，以及用户群的访问意图等。赤裸地呈现出我们如何使用网络、浏览网站及收集信息，并进一步详列了许多关于网络上所透露出的生活、兴趣、想法，甚至恐惧与梦想。

〔美〕比尔·唐瑟尔 著

张 宁 译

海天出版社

定价：35.00 元

短信查询正版图书及中奖办法

A. **手机短信查询方法**（移动收费0.2元/次，联通收费0.3元/次）

　　1. 手机界面，编辑短信息；

　　2. 揭开防伪标签，露出标签下20位密码，输入标识物上的20位密码，确认发送；

　　3. 输入防伪短信息接入号（或发送至）958879(8)08，得到版权信息。

B. **互联网查询方法**

　　1. 揭开防伪标签，露出标签下20位密码；

　　2. 登陆www.Nb315.com；

　　3. 进入"查询服务""防伪标查询"；

　　4. 输入20位密码，得到版权信息。

中奖者请将20位密码以及中奖人姓名、身份证号码、电话、收件人地址、邮编，E-mail至my007@126.com，或传真至0755-25970309

一等奖：168.00元人民币（现金）；

二等奖：图书一册；

三等奖：本公司图书6折优惠邮购资格。

再次谢谢您惠顾本公司产品。本活动解释权归本公司所有。

读者服务信箱

感谢的话

　　谢谢您购买本书！顺便提醒您如何使用ihappy书系：

◆　全书先看一遍，对全书的内容留下概念。

◆　再看第二遍，用寻宝的方式，选择您关心的章节仔细地阅读，将"法宝"谨记于心。

◆　将书中的方法与您现在的工作、生活作比较，再融合您的经验，理出您最适用的方法。

◆　新方法的导入使用要有决心，事前做好计划及准备。

◆　经常查阅本书，并与您的生活工作相结合，自然有机会成为一个"成功者"。

<table>
<tr><td rowspan="13">优
惠
订
购</td><td colspan="2">订阅人</td><td>部　门</td><td></td><td>单位名称</td><td></td></tr>
<tr><td colspan="2">地　址</td><td colspan="4"></td></tr>
<tr><td colspan="2">电　话</td><td colspan="2"></td><td>传　真</td><td></td></tr>
<tr><td colspan="2">电子邮箱</td><td></td><td>公司网址</td><td>邮　编</td><td></td></tr>
<tr><td rowspan="3">订
购
书
目</td><td colspan="5"></td></tr>
<tr><td colspan="5"></td></tr>
<tr><td colspan="5"></td></tr>
<tr><td rowspan="5">付
款
方
式</td><td rowspan="2">邮局汇款</td><td colspan="4">中资海派商务管理(深圳)有限公司</td></tr>
<tr><td colspan="4">中国深圳银湖路中国脑库A栋四楼　　　　邮编：518029</td></tr>
<tr><td rowspan="3">银行电汇
或转账</td><td colspan="4">户　名：中资海派商务管理(深圳)有限公司</td></tr>
<tr><td colspan="4">开户行：招行深圳市银湖支行</td></tr>
<tr><td colspan="4">账　号：5781 4257 1000 1
交行太平洋卡户名：桂林　　　卡号：6014 2836 3110 4770 8</td></tr>
<tr><td rowspan="2">附
注</td><td colspan="5">1. 请将订阅单连同汇款单影印件传真或邮寄，以凭办理。
2. 订阅单请用正楷填写清楚，以便以最快方式送达。</td></tr>
<tr><td colspan="5">3. 咨询热线：0755-25970306转158、168　　　传　真：0755-25970309
E-mail: my007@126.com</td></tr>
</table>

→利用本订购单订购一律享受9折特价优惠。

→团购30本以上8.5折优惠。